기준 하나면 모든 게 보인다

부동산 시장을 꿰뚫는 DRIFT 공식

이동주 지음

저자소개

저자는 부동산 생태계 전 영역을 관통하는 20년 이상의 현장 전문가다. 14회 공인중개사로 시작해 중개, 경·공매, 수익형 부동산 운용부터 재개발·재건축 프로젝트, 토지개발과 소규모주택·오피스텔 개발까지 **부동산 밸류 체인의 모든 단계를 직접 실행하며 체득했다**. 단순한 이론가가 아닌, 매 순간 시장과 호흡하며 성장해온 진정한 현장 전문가다.

2011년부터 부동산 전문 방송에서 실시간으로 쏟아지는 시청자들의 생생한 고민을 **해결**하며 '믿고 따르는 부동산 멘토'로 자리매김했다. 명지대학교 부동산학 박사로서 **현장 경험을 학문적 체계로 승화시켰으며**, 현재 같은 대학과 대학원에서 실무와 이론을 결합한 교육을 펼치고 있다. 서울시 공인중개사 연수교육 세제실무 교수, 국토연구원 시장 전문위원으로 **정책 수립 과정에도 직접 참여**하며 시장과 제도의 간극을 메우고 있다.

"복잡한 정보 속에서 길을 잃은 사람들에게 명확한 나침반을 주고 싶다."

이 철학으로 지난 20여 년간의 현장 데이터와 수천 건의 상담 사례를 분석해 "Data·Regulation·Infrastructure·Flow·Thinking"을 통합한 DRIFT 프레임워크를 완성했다. 이 책은 중개 현장의 생생함부터 개발 프로젝트의 전략적 시고까지, 부동산 생태계 전체를 꿰뚫는 통찰력을 독자들과 나누는 결정체다.

목 차

프롤로그. 왜 전문가 말대로 했는데 실패했을까? 1

PART 1. 실패의 반복 2

    Chapter 1. 왜 선택만 하면 실패할까? 3

        섹션 1.1 정보가 많은데도 헷갈리는 이유 3

        섹션 1.2 판단을 외주화한 사람들의 공통점 7

        섹션 1.3 반복되는 후회의 심리 구조 14

    Chapter 2. 타이밍보다 무서운 심리의 함정 20

        섹션 2.1 '지금 아니면 안 된다'는 착각 20

        섹션 2.2 남들 따라 하는 투자의 위험성 25

        섹션 2.3 탐욕과 불안, 그리고 손해의 공식 32

PART 2. 판단력 40

    Chapter 3. 정책을 읽는 눈, '룰'을 아는 자가 이긴다 41

        섹션 3.1 정책은 언제 시장을 바꾸는가? 41

        섹션 3.2 규제는 독인가, 기회인가 45

        섹션 3.3 정책 변화에 대응하는 실전 기준 50

Chapter 4. 입지와 흐름 56

   섹션 4.1 입지는 왜 변하지 않는가 (Infrastructure) 56

   섹션 4.2 교통·학군·인프라 외 진짜 기준 63

   섹션 4.3 상승하는 지역의 공통점은 무엇인가 (Flow) 70

Chapter 5. 심리와 숫자 86

   섹션 5.1 가격 그래프에 숨겨진 투자 심리(Data) 86

   섹션 5.2 언론 헤드라인과 실제 시장의 괴리 (Thinking) 91

   섹션 5.3 데이터를 해석하는 힘, DRIFT 프레임의 완성 98

PART 3. 기준의 실전 105

Chapter 6. 생애 첫 내 집, 기준부터 다르다 106

   섹션 6.1 '실거주'의 진짜 의미 106

   섹션 6.2 입지를 보는 눈, 흐름을 읽는 법 (DRIFT 적용) 114

   섹션 6.3 예산과 대출, 조건에 맞는 우선순위 정하기 122

Chapter 7. 갈아타기의 진짜 타이밍은 따로 있다 135

   섹션 7.1 언제 갈아타야 손해를 피할 수 있을까 135

   섹션 7.2 '더 좋은 집'이란 어떤 조건인가? 145

   섹션 7.3 실전 사례로 본 갈아타기 기준 157

Chapter 8. 남들 따라 하지 않고, 스스로 판단하는 법 177

    섹션 8.1 유혹에 흔들리는 투자자의 유형 177

    섹션 8.2 DRIFT 판단 기준 점검표 작성하기 182

    섹션 8.3 실패를 반복하지 않는 나만의 전략 수립 190

PART 4. 흔들리지 않는 전략 195

    Chapter 9. 지금 살까, 기다릴까? 타이밍의 기준 세우기 196

        섹션 9.1 매수 타이밍에 대한 오해와 진실 196

        섹션 9.2 상승장과 하락장에서 다른 기준 200

        섹션 9.3 판단 기준이 있을 때 시장이 쉬워진다 206

    Chapter 10. 결국 살아남는 건 '판단력'이다 213

        섹션 10.1 고수는 어떻게 움직이는가 213

        섹션 10.2 기준을 유지하는 힘, 전략의 축 222

        섹션 10.3 당신의 DRIFT 기준을 완성하는 체크리스트 234

에필로그: 기준이 만드는 인생의 힘 260

프롤로그. 왜 전문가 말대로 했는데 실패했을까?

부동산 시장이 이렇게 복잡할 줄 누가 알았을까요?

집값은 오를까, 떨어질까. 지금 사야 할까, 기다려야 할까. 어떤 전문가는 A를 추천하고, 다른 전문가는 B가 답이라고 해요. 정보는 넘쳐나는데 정작 '내가 믿고 따를 기준'은 어디에도 없죠.

저는 지난 20여 년간 부동산 현장에서 수많은 분들의 고민을 함께해왔어요. 공인중개사로 시작해서 방송에서 실시간 상담을 하고, 지금은 대학에서 학생들을 가르치며 이론과 실무를 넘나들고 있어요. 그 과정에서 하나의 확신에 도달했습니다.

"기준 하나만 제대로 세우면, 복잡한 시장도 명확하게 보인다."

이 책 《기준 하나면 모든 게 보인다》는 Data(데이터), Regulation(정책), Infrastructure(인프라), Flow(흐름), Thinking(심리)을 통합한 DRIFT 공식으로 여러분만의 판단 기준을 만들어드려요.

책에 나오는 사례들은 제가 직접 경험하거나 상담한 실제 이야기들 이에요. 개인정보 보호를 위해 일부는 예시로 각색했지만, 모든 내용은 현장에서 검증된 것들입니다. 그리고 이번 집필 과정에서는 AI 파트너 티케, 루카와 함께 더욱 체계적이고 실용적인 가이드를 만들어냈어요.

20여 년의 경험과 검증된 분석을 이 한 권에 담았습니다. 책장을 덮는 순간, 여러분은 전문가 없이도 스스로 판단할 수 있는 힘을 갖게 될 거예요.

PART 1. 실패의 반복

-선택 기준이 없던 시간들-

부동산 투자 실패의 근본 원인을 분석하고

새로운 접근법의 필요성 제시

Chapter 1. 왜 선택만 하면 실패할까?

섹션 1.1 정보가 많은데도 헷갈리는 이유

수진씨는 서른 두 살, 결혼을 앞두고 생애 첫 집을 알아보고 있어요. 매일 부동산 앱을 확인하고, 유튜브에서 전문가들의 조언을 찾아봅니다. 정부 정책 뉴스도 빠짐없이 챙겨보고, 주변 지인들의 경험담도 귀담아들어요.

그런데 이상한 일이 벌어졌어요. 정보는 넘쳐나는데 오히려 더 헷갈리는 거예요. 어제는 "지금이 마지막 기회"라는 전문가의 말에 마음이 급해졌다가, 오늘은 "더 떨어질 것"이라는 다른 전문가의 예측에 다시 망설여집니다.

혹시 지금 이 순간에도 부동산 앱을 켜고 매물을 확인하고 계시지는 않나요?

정보 홍수 속에서 길을 잃는 이유

우리는 역사상 가장 많은 부동산 정보에 둘러싸여 살고 있어요. 실시간 매물 정보, 정책 분석, 전문가 예측, 시장 통계까지. 하루에도 수십 개의 부동산 관련 콘텐츠가 쏟아져 나오죠.

그런데 이 풍부한 정보가 오히려 우리를 더 혼란스럽게 만듭니다. 지난 20여 년간 수천 건의 상담을 진행하면서 발견한 세 가지 핵심 이유가 있어요.

첫 번째 이유: 같은 데이터, 정반대 해석

실제로 방송에서 겪은 일을 말씀 드릴게요.

"강남 아파트 거래량이 전월 대비 30% 증가"라는 동일한 뉴스를 두고:

- A 전문가: "수요가 살아나고 있다. 지금 놓치면 후회한다"
- B 전문가: "급매가 늘어나는 신호다. 더 기다려야 한다"

누구 말이 맞을까요? 사실 둘 다 나름의 근거가 있어요. 문제는 여러분이 이런 상반된 정보 앞에서 **어떤 기준으로 판단해야 할지 모른다는 거**예요.

💡 **실전 팁**: 전문가 의견이 엇갈릴 때는 "왜 그렇게 생각하는지"보다 "내 상황에서는 어떤 의미인지" 를 먼저 생각해보세요.

두 번째 이유: 맥락 없는 정보의 홍수

"○○구가 투자하기 좋다"는 정보를 봤다고 해봅시다. 하지만 이런 중요한 맥락이 빠져 있어요.

- 언제까지 유효한 이야기인가?
- 어느 정도 예산이 필요한가?
- 실거주 목적에도 좋은가?
- 내 리스크 감수 능력에 맞는가?

맥락 없는 정보는 아무리 '좋은' 정보라도 내게는 쓸모없는 정보가 되는 거예요.

💡 **실전 팁**: 어떤 정보를 접할 때마다 "이 정보가 내 상황에서 어떤 의미인가?"를 먼저 물어보세요.

세 번째 이유: 확증편향의 함정

집을 사고 싶은 마음이 굴뚝같은 수진씨는 "지금 사야 한다"는 정보에 더 귀를 기울여요. 아직 준비가 덜 됐다고 생각하면 "더 기다려도 된다"는 정보를 찾게 되고요.

결국 같은 시장을 보면서도 각자 다른 정보를 수집하고, 전혀 다른 결론에 도달합니다. 정보가 많을수록 오히려 더 혼란스러워지는 이유예요.

💡 **실전 팁**: 내 생각과 반대되는 정보도 의도적으로 찾아보세요. 균형 잡힌 판단의 시작입니다.

정보가 아닌 '기준'이 필요한 시점

지금까지 만난 수많은 분들의 공통점이 있어요. 정보는 엄청 많이 알고 있는데, 정작 "내가 어떤 기준으로 판단해야 하는지"는 모른다는 것입니다.

정부는 두구일 뿐이에요. 망치와 드라이버가 아무리 좋아도, 무엇을 만들지 모르면 소용없는 것 처럼요.

판단 기준이 있으면 달라지는 것들

명확한 기준이 생기면 이런 변화를 경험하게 돼요:

- **선별력**: 수많은 정보 중 내게 필요한 것만 골라내기
- **해석력**: 같은 정보를 내 상황에 맞게 해석하기
- **확신**: 외부 의견에 흔들리지 않고 결정하기

나만의 판단 기준, DRIFT로 시작하기

앞으로 이 책에서는 지난 20여 년간의 현장 경험과 부동산학 박사 연구가 만나 탄생한 DRIFT 프레임워크를 통해 여러분만의 판단 기준을 세우는 방법을 알려드릴 거예요.

- Data (데이터): 숫자 뒤에 숨은 진실 읽기
- Regulation (정책): 룰 변화의 의미 파악하기
- Infrastructure (인프라): 진짜 입지 가치 보기
- Flow (흐름): 시장의 방향성 읽기
- Thinking (사고): 심리와 논리의 균형 맞추기

💡 **지금 바로 해볼 수 있는 일**: 바로 이 순간부터 부동산 정보를 볼 때마다 "이 정보가 내 상황에서 어떤 의미인가?"를 먼저 생각해보세요. 스마트폰 메모장에 간단히 적어두는 것만으로도 판단력의 첫걸음을 시작할 수 있습니다.

섹션 1.2 판단을 외주화한 사람들의 공통점

정우진씨(43세)는 10년 전 첫 집을 살 때 지인의 소개로 만난 부동산 중개사의 추천을 그대로 따랐습니다. "이 지역이 앞으로 뜬다"는 말에 확신을 갖고 계약했죠. 다행히 그때는 운이 좋았어요. 실제로 그 지역이 개발되면서 집값이 올랐거든요.

그 성공 경험 때문일까요? 정우진씨는 지금도 부동산 결정을 할 때마다 전문가를 찾습니다. 유튜브 전문가, 지인 추천, 부동산 커뮤니티의 고수들까지. 하지만 이번에는 상황이 다릅니다. 전문가마다 다른 이야기를 하거든요.

혹시 지금도 "전문가가 그러던데..."로 시작하는 대화를 자주 하고 계시지는 않나요?

'판단 외주화'의 달콤한 함정

지난 20여 년간 상담을 하면서 만난 분들 중에는 공통적인 패턴이 있어요. 바로 **판단을 다른 사람에게 맡기는 습관**입니다.

판단 외주화란 자신이 직접 분석하고 결정하는 대신, 다른 사람의 의견이나 추천에 의존해서 중요한 결정을 내리는 것을 말해요.

전형적인 외주화 멘트들

실제로 제가 방송과 상담에서 자주 듣는 말들이에요:

- "전문가가 좋다고 하니까 샀어요"

- "지인이 추천해서 투자했어요"
- "유튜브에서 봤는데 이 지역이 뜬다고 하더라고요"
- "○○ 전문가가 확실하다고 했거든요"

겉보기에는 신중하고 합리적인 것 같지만, 실제로는 가장 위험한 투자 방식이에요. **내 상황은 고려되지 않기 때문이죠.**

💡 **자가진단**: 지난 1년간 부동산 관련 결정을 할 때 "○○가 그러더라"는 말을 몇 번이나 했는지 세어보세요. 3번 이상이면 외주화 위험 신호입니다.

외주화의 3가지 달콤한 유혹

1. 책임 회피의 심리

"내가 결정해서 잘못되면 어떡하지?"

부동산은 평생 모은 돈이 들어가는 큰 결정이다 보니 부담스럽죠. 전문가 조언을 따라 실패하면 "내 잘못은 아니야" 라고 생각할 수 있어요.

하지만 결국 그 결과를 감당하는 것은 나 자신입니다.

2. 전문성에 대한 맹신

"전문가니까 나보다 잘 알겠지"

아무리 뛰어난 의사라도 환자를 직접 보지 않고는 정확한 진단을 내릴 수 없어요. 부동산 전문가도 여러분의 구체적인 상황을 모르면 맞춤형 조언을 해드리기 어려워요.

💡 **실전 팁**: 전문가 상담 시 내 상황(예산, 목적, 가족 구성, 직장 위치 등)을 먼저 상세히 설명하고, 이를 반영한 맞춤 조언인지 확인하세요.

3. 편의성의 유혹

"내가 공부하는 것보다 빠르고 쉽잖아"

하지만 이런 편의성은 결국 더 큰 비용을 치르게 만듭니다. 마치 운동 대신 다이어트 약에만 의존하는 것과 같아요.

실패 사례로 보는 외주화의 위험

사례 1: 정호씨의 '전문가 추천' 실패

45세 정호씨는 유명한 부동산 유튜버의 추천으로 경기도 신도시에 투자했습니다. "3년 내 50% 상승" 예측이었죠.

결과: 2년 후 10% 하락

교훈: "그 전문가 말만 믿고, 정작 내가 산 아파트 조건이나 주변 환경은 제대로 보지도 않았어요. 너무 무책임했던 것 같아요."

사례 2: 미영씨의 '지인 추천' 후회

38세 미영씨는 직장 선배의 강력한 추천으로 서울 변두리 아파트를 샀습니다.

문제: 선배는 투자 목적, 미영씨는 실거주 목적 - 완전히 다른 상황

결과: 출퇴근 지옥으로 이사 고민 중

교훈: *"내 상황은 생각하지 않고 덜컥 결정한 게 후회돼요. 앞으로는 내 기준으로 판단하려고 해요."*

💡 **실전 팁**: 추천을 받을 때는 "그 사람과 내 상황이 어떻게 다른지" 먼저 비교해보세요.

외주화하는 사람들의 4가지 공통점

1. 과도한 겸손 또는 자신감 부족

"나는 부동산 문외한이라서..."

내 상황을 가장 잘 아는 것은 바로 나 자신입니다. 겸손은 좋지만 과도한 겸손은 독이 됩니다.

2. 빠른 해답을 원하는 성급함

"그냥 답만 알려주세요"

부동산처럼 복잡한 분야에서는 **과정을 이해하지 못하면 결과도 제대로 활용할 수 없어요**.

3. 성공 사례에 대한 맹신

"○○씨는 그 방법으로 대박 났대요"

타이밍, 자금력, 목적, 시장 상황이 모두 달라서 같은 방법이라도 결과가 완전히 다를 수 있어요.

4. 책임 회피 성향

"전문가가 그러더라고요"

실패했을 때의 변명을 미리 준비해두는 심리. 하지만 손실을 감당하는 것은 나 자신이라는 걸 잊으면 안 돼요.

💡 자가진단 체크리스트:

- ☐ 부동산 결정 시 타인 의견부터 찾는다
- ☐ "확실한" 정보만 원한다
- ☐ 복잡한 분석 과정은 건너뛰고 싶다
- ☐ 실패 시 남 탓을 하는 경향이 있다

3개 이상 해당되면 외주화 위험군 입니다.

의존성의 악순환 고리

1단계: "모르니까 전문가에게 물어보자"

2단계: 결과에 상관없이 습관화

- 성공 → "역시 전문가가 최고"
- 실패 → "다른 전문가를 찾아야겠어"

3단계: 판단력 퇴화

4단계: 더 큰 의존

이 악순환이 계속되면 **평생 남의 의견에 의존해서 살게 됩니다**.

진짜 전문가 vs 가짜 전문가 구별법

✅ 좋은 전문가의 특징

- 분석 기준을 제시해요 (결론보다 과정 중시)
- 질문자의 구체적 상황을 자세히 파악하려 해요
- "이런 관점에서 검토해보세요" 식으로 **방향을** 안내해요
- 리스크와 한계도 함께 설명해요
- 근거를 명확히 제시해요

✗ 피해야 할 전문가의 특징

- "무조건 오른다", "확실하다" 식의 **단정적 표현**
- 구체적 근거 없이 결론만 제시
- 질문자 상황은 묻지 않고 일반론만
- 실패 가능성은 언급 안 함
- "믿고 따라만 하세요" 식의 맹목적 신뢰 요구

💡 실전 팁: 전문가 상담 시 "왜 그렇게 생각하시는지 근거를 설명해주세요" 라고 물어보세요. 제대로 된 전문가라면 기꺼이 설명해줄 거예요.

DRIFT로 스스로 판단하는 첫걸음

판단 외주화에서 벗어나는 것은 생각보다 어렵지 않아요. 작은 것부터

스스로 판단해보는 연습이 핵심입니다.

앞으로 소개할 DRIFT 프레임워크가 바로 그 연습의 도구예요. 지난 20여 년간의 현장 노하우와 부동산학 연구가 결합된 체계적 분석법입니다:

- D(Data): 남이 해석해준 정보가 아닌, 원본 데이터를 직접 보는 법

- R(Regulation): 정책 뉴스를 내 상황에 맞게 해석하는 법

- I(Infrastructure): 전문가 말고 내 기준으로 입지를 평가하는 법

- F(Flow): 시장 흐름을 스스로 읽는 법

- T(Thinking): 감정과 논리의 균형을 맞추는 법

💡 **지금 바로 시작하기**: 오늘부터 부동산 관련 정보를 접할 때마다 "이게 내 상황에서는 어떤 의미인가?"를 먼저 생각해보세요. 작지만 중요한 변화의 시작입니다.

섹션 1.3 반복되는 후회의 심리 구조

"이번에는 다를 거야."

정호씨가 세 번째 부동산 투자를 결정하면서 했던 말입니다. 첫 번째는 지인 추천으로, 두 번째는 유튜브 전문가 추천으로 투자했다가 모두 기대에 못 미치는 결과를 얻었어요. 하지만 이번에는 '더 유명한' 전문가의 조언을 받았으니 다를 거라고 확신했죠.

결과는 어땠을까요? 안타깝게도 또다시 비슷한 실패를 반복했습니다.

정호씨는 이제 저에게 묻습니다. "교수님, 도대체 왜 나는 같은 실수를 계속 반복하는 걸까요?"

혹시 지금도 부동산 관련해서 "분명히 이번에는 다를 거야" 라고 다짐하면서도 마음 한편으로는 불안해하고 계시지는 않나요?

후회의 굴레에 갇힌 사람들

제가 방송과 상담을 통해 만나는 분들 중 상당수가 부동산 투자나 선택에서 실패 → 후회 → 재시도 → 또 실패하는 악순환을 보여요.

이런 분들을 지난 20여 년간 관찰해보니 공통점이 있더라고요. 실패의 **진짜 원인을 제대로 분석하지 않는다는 것**이에요.

대신 이런 식으로 원인을 찾아요:

- "운이 나빴어"
- "타이밍이 안 좋았어"

- "그 전문가가 틀렸어"
- "시장이 이상했어"

모두 외부 요인에서만 원인을 찾죠. 정작 자신의 **판단 과정**에서 무엇이 잘못되었는지는 들여다보지 않아요.

💡 **자가진단**: 지난 부동산 관련 결정에서 실패했을 때, "내가 뭘 잘못했을까?" 보다 "운이 나빴다" 생각을 더 많이 했다면 후회 반복 위험군 입니다.

후회가 만드는 3가지 심리적 함정

1. 과잉보상 심리

"이번에는 더 확실한 걸로!"

한 번 실패하면 더 안전하고 확실해 보이는 대안을 찾게 되는 심리예요. 문제는 '더 확실해 보이는 것'이 실제로 더 좋은 선택인지는 따져보지 않는다는 거예요.

사례: 민수씨(41세)는 신진 전문가 조언으로 실패한 후, "20년 경력 베테랑 전문가" 를 찾았죠. 하지만 결과는 마찬가지였어요.

"이번에는 정말 경력 있는 분한테 물어봤으니까 안전할 거라고 생각했는데..."

핵심: 전문가의 경력이 아니라, 전문가의 조언을 내 상황에 맞게 해석하는 능력이 중요합니다.

2. 선택적 기억

"그때는 정말 확신했는데..."

실패한 투자를 되돌아볼 때, 왜 그런 선택을 했는지 정확히 기억하지 못해요. "그때는 확신했다"는 모호한 감정만 남죠.

구체적으로 어떤 판단 기준을 사용했는지, 어떤 정보를 놓쳤는지 기억하지 못하니 같은 실수를 반복합니다.

3. 매몰비용 오류

"이미 여기까지 왔는데..."

이미 투자한 시간과 감정적 에너지 때문에 잘못된 방향인 줄 알면서도 계속 그 길을 가게 돼요.

사례: 수진씨(34세)는 특정 부동산 유튜버를 6개월간 팔로우 했지만 좋은 결과가 없었어요. 그래도 "이미 이렇게 오래 따라했는데"라며 계속 의존했다가 또 실패했죠.

💡 실전 팁: 현재 방법이 3개월 이상 좋은 결과를 주지 못했다면, 매몰비용에 연연하지 말고 새로운 접근법을 고려해보세요.

후회 악순환의 5단계

제가 관찰한 바에 따르면, 후회를 반복하는 사람들은 거의 예외 없이 이 단계를 거쳐요:

1단계: 충동적 결정 (명확한 기준 없이 감정에 휩쓸림)

2단계: 일시적 만족 ("잘한 선택이야"라는 자기 합리화)
3단계: 현실 직면 (예상과 다른 결과)
4단계: 외부 원인 찾기 (자신의 판단 과정은 돌아보지 않음)
5단계: 성급한 재시도 (1단계로 돌아가는 악순환)

💡 악순환 차단법: 3단계에서 4단계로 넘어가기 전에 "내가 어떤 과정으로 판단했는지" 먼저 돌아보세요. 이것만으로도 악순환을 상당히 줄일 수 있습니다.

같은 실수를 반복하는 뇌과학적 이유

확증편향

자신의 기존 믿음을 뒷받침하는 정보만 받아들이고, 반대 정보는 무시하는 경향이에요.

"부동산은 장기적으로 오른다"고 믿으면 상승 뉴스만 주목하고, 하락 리스크는 대수롭지 않게 여기죠.

가용성 휴리스틱

최근에 들었거나 기억하기 쉬운 정보에 과도하게 의존하는 경향이에요.

"어제 뉴스에서 ○○지역이 뜬다더라"는 식으로 최근 정보만으로 판단하고, 장기 트렌드는 놓치게 돼요.

💡 실전 팁: 중요한 결정 전에는 "내가 지금 최근 정보에만 의존하고 있지는 않나?" 스스로 점검해보세요.

후회의 굴레에서 벗어나는 4가지 실천법

1. 결정 과정 기록하기

실패했을 때 감정적으로 반응하지 말고, 객관적으로 기록해보세요.

기록 항목:

- 어떤 정보를 바탕으로 결정했는가?
- 그때 어떤 감정 상태였는가?
- 어떤 부분을 간과했는가?
- 다음번에는 무엇을 다르게 할 것인가?

2. DRIFT 체크리스트 습관화

매번 다른 방식으로 접근하지 말고, 일관된 분석 틀을 만들어 보세요.

- D(Data): 객관적 숫자 확인했나?
- R(Regulation): 정책 변화 고려했나?
- I(Infrastructure): 입지 조건 분석했나?
- F(Flow): 시장 흐름 파악했나?
- T(Thinking): 감정과 논리 균형 맞췄나?

3. 감정-논리 분리 훈련

중요한 결정 전에는 반드시 이 두 가지를 체크하세요.

- **감정 체크**: "지금 조급하거나 흥분하지는 않나?"
- **논리 체크**: "객관적 데이터와 조건은 어떤가?"

4. 작은 성공부터 쌓기

큰 투자보다는 작은 분석부터 스스로 해보는 연습을 하세요.

예: 매물을 볼 때 "이 아파트의 장단점 3가지씩" 스스로 찾아보기

💡 **지금 바로 시작하기**: 바로 이 순간부터 부동산 관련 정보를 접할 때마다 "내가 이 정보를 어떻게 해석하고 있는지" 의식적으로 생각해보세요. 스마트폰에 메모해두는 것도 좋은 방법입니다.

Chapter 1 마무리. 새로운 시작을 위한 준비

지금까지 우리는 부동산 선택에서 실패를 반복하는 3가지 핵심 원인을 살펴봤어요:

1. **정보 과잉**: 기준 없이 정보 속에서 길을 잃음
2. **판단 외주화**: 다른 사람에게 결정을 맡기는 습관
3. **후회의 굴레**: 같은 실수를 반복하는 심리적 패턴

이 모든 문제의 공통분모는 **체계적인 판단 기준의 부재**입니다.

Chapter 2. 타이밍보다 무서운 심리의 함정

섹션 2.1 '지금 아니면 안 된다'는 착각

급박함이 만드는 투자의 함정

혹시 이런 말 들어보신 적 있으세요?

"지금 안 사면 평생 못 산다!"
"이번이 마지막 기회야!"
"더 늦으면 손 쓸 수 없어!"

부동산 관련 모임이나 온라인 커뮤니티에서 자주 듣는 말들이죠. 저도 방송에서 실시간 상담을 하다 보면 이런 조급함에 휩싸인 분들을 정말 많이 만나요.

부동산 시장에서 가장 위험한 심리 중 하나가 바로 이런 **급박함의 착각**입니다. 마치 지금 이 순간을 놓치면 영원히 기회가 오지 않을 것처럼 느끼게 만드는 거죠.

지난 20여 년간 상담해온 수천 건의 사례 중에서 가장 안타까운 경우가 바로 이런 급박함에 휘둘려 성급한 결정을 내린 분들이었어요.

왜 우리는 조급해질까?

급박함의 착각이 생기는 이유를 세 가지로 정리해볼게요.

첫째, 언론과 미디어의 영향
"집값 급등", "마지막 기회", "골든타임" 같은 자극적인 헤드라인들이 우리의 판단력을 흐려놓아요. 매일 쏟아지는 부동산 뉴스를 보다 보면 마치 지금 당장 행동하지 않으면 큰일 날 것 같거든요.

둘째, 주변 사람들의 성공담

"옆집 김씨는 작년에 샀는데 벌써 몇 억 올랐다더라"는 식의 이야기들이 우리를 조급하게 만들어요. 남의 성공을 보면서 나만 뒤처지고 있다는 착각에 빠지게 되는 거죠.

셋째, 손실 회피 심리

사람은 본능적으로 이득보다 손실을 더 크게 느끼는 경향이 있어요. '놓치면 손해'라는 생각이 '신중하게 판단하자'는 이성을 압도하게 되거든요.

DRIFT로 보는 급박함의 허상

이런 급박함이 얼마나 위험한지 DRIFT 프레임워크로 차근차근 분석해볼게요.

📊 D(Data) 관점에서 보면

실제 데이터를 보면 부동산 시장은 단기간에 급변하는 경우가 드물어요. 집값이 정말로 "지금 아니면 안 되는" 상황인지 객관적 수치로 확인해보세요.

✅ **즉시 확인법**: 최근 3개월, 6개월, 1년 데이터를 비교해보면 급박함이 실제인지 착각인지 금방 구분할 수 있어요.

📋 R(Regulation) 관점에서 보면

정책 변화는 보통 충분한 예고 기간이 있고, 시행 효과도 점진적으로 나타나요. "내일부터 모든 게 달라진다"는 식의 급박함은 대부분 과장된 거예요.

🧠 T(Thinking) 관점에서 보면

급박함을 느낄 때일수록 한 번 더 냉정하게 생각해봐야 해요. 정말 지금이 나에게 맞는 타이밍인지, 내 상황과 목표에 부합하는 선택인지 차분히 판단해보세요.

실제 사례: 급박함에 휘둘린 A씨의 후회

2021년 초, 제가 상담했던 A씨(28세, 신혼부부) 이야기를 들려 드릴게요. A씨는 "집값이 더 오르기 전에 빨리 사야 한다"는 주변의 조언에 휩쓸려 충분한 검토 없이 서울 외곽의 신축 아파트를 구입했어요.

당시 A씨를 둘러싼 상황:

- 언론: "집값 급등 지속", "지금이 마지막 기회"
- 주변 조언: "더 늦으면 손 쓸 수 없어"
- A씨 심리: "지금 안 사면 평생 못 살 것 같다"

하지만 DRIFT 분석을 제대로 했다면:

- D(Data): 해당 지역 거래량이 급감하고 있었어요
- R(Regulation): 대출 규제 강화 정책이 이미 예고되어 있었죠
- I(Infrastructure): 교통 접근성이 떨어지는 외곽 지역이었어요

- F(Flow): 공급 과잉 신호들이 곳곳에서 나타나고 있었거든요

결과는?

A씨는 1년 후 약 5천만 원의 손실을 보고 매도해야 했어요. 급박함에 휘둘려 제대로 된 분석 없이 성급한 결정을 내린 전형적인 사례였죠.

A씨가 나중에 저에게 하신 말씀이 아직도 기억나요.
"*교수님, 그때 한 번만 더 차분히 생각해봤다면...*"

급박함을 극복하는 3단계 실전 방법

1단계: 일시정지(Pause)

급박하다고 느낄 때일수록 잠시 멈춰서 "정말 지금 당장 해야 할까?"라고 자문해보세요.

✅ **실행법**: 최소 일주일은 시간을 두고 천천히 생각해보세요. 정말 급한 건이라면 일주일 기다린다고 기회가 사라지지 않거든요.

2단계: 객관화(Objectify)

감정을 잠시 옆에 두고 DRIFT 요소들을 하나씩 차근차근 점검해보세요.

✅ **실행법**: 특히 Data(최근 3-6개월 시장 데이터)와 Regulation(최근 정책 변화)을 통해 현 상황이 정말 급박한지 객관적으로 판단해보세요.

3단계: 나만의 기준 적용(Apply)

급박함과 상관없이 내가 미리 세워둔 기준에 맞는 선택인지 확인하세요.

✅ **실행법**: "남들의 급박함이 나에게도 급박함인가?"를 스스로에게 물어

보세요. 내 상황, 내 목표, 내 예산에 맞는 선택인지가 더 중요해요.

진짜 기회는 조용히 온다

지난 20여 년간의 현장 경험을 통해 확신하는 게 있어요. **진짜 좋은 기회는 요란하게 오지 않는다는 점이에요.**

"지금 아니면 안 된다"고 다들 떠들 때는 오히려 조심해야 할 때가 많거든요. 반대로 정말 좋은 기회는 조용히, 눈에 잘 띄지 않게 찾아와요.

그래서 급박함에 휘둘리지 않고 차분하게 DRIFT 기준으로 분석할 수 있는 능력이 더욱 중요한 거죠.

섹션 2.2 남들 따라 하는 투자의 위험성

집단 심리의 함정에 빠진 투자자들

"요즘 강남 아파트가 뜬다더라"
"○○동이 핫 플레이스래"
"다들 오피스텔 사고 있어"

이런 말들 한 번쯤 들어 보셨죠? 카페에서, 회사에서, 동창회에서... 어디서든 부동산 이야기가 나오면 빠지지 않는 단골 멘트들이에요.

부동산 투자에서 가장 흔하면서도 위험한 실수가 바로 **남들 따라 하기**입니다. 마치 모든 사람이 같은 방향으로 움직이면 안전할 것 같지만, 실제로는 그 반대인 경우가 더 많거든요.

제가 방송에서 상담 받은 수많은 사례 중에서도 "남들이 좋다고 해서 샀는데 왜 손해를 봤을까요?"라는 질문이 가장 많았어요. 정말 안타까운 일이죠.

왜 우리는 남들을 따라 할까?

생존 본능에서 비롯된 집단 심리

사실 이건 인간의 본능이에요. 오랜 진화 과정에서 집단에 속해야 생존할 수 있었거든요. 그래서 우리 뇌에는 "다수가 하는 것이 안전하다"는 신호가 깊이 새겨져 있어요.

부동산 투자에서도 이 본능이 고스란히 작동합니다:

- **안전감의 착각**: "이렇게 많은 사람이 하는데 틀릴 리 없어"

- **책임 회피**: "내가 잘못 판단한 게 아니라 모두가 그랬으니까"

- **정보 부족 시 의존**: "나는 잘 모르니까 전문가나 성공한 사람 따라 하자"

정보의 왜곡과 확증편향

집단 속에서는 정보가 왜곡되고 과장되는 경우가 많아요. 좋은 소식은 더 크게, 나쁜 소식은 축소되어 전달되면서 현실과 동떨어진 판단을 하게 되죠.

마치 소문이 전해지면서 점점 과장되는 것과 같은 원리예요.

DRIFT로 분석하는 집단 심리의 위험성

🌊 F(Flow) - 잘못된 흐름 읽기

집단 심리에 빠지면 진짜 시장 흐름을 놓치게 돼요. 모든 사람이 같은 방향으로 움직일 때는 이미 **상승 동력이 소진되었을** 가능성이 높거든요.

✅ **실제 사례**: 2017년 하반기 수도권 아파트 열풍

- **당시 상황**: "모든 사람이 아파트를 사고 있다"

- **실제 Flow**: 이미 상승 마지막 단계, 거래량 폭증 = 고점 신호

- **결과**: 2018년 하반기부터 시장 조정 시작

🧠 T(Thinking) - 독립적 사고의 포기

남들을 따라 하면 내 상황에 맞는 **판단**을 포기하게 돼요. 내 소득, 라이프스타일, 투자 목표는 남과 다른데 남의 선택을 그대로 따라 하는 거죠.

이건 마치 남의 옷을 입는 것과 같아요. 아무리 좋은 옷이라도 내 몸에 맞지 않으면 어색하잖아요?

📊 D(Data) - 선별적 데이터 수용

집단 심리에 빠지면 내가 원하는 정보만 보게 돼요. 불리한 데이터는 무시하고, 유리한 정보만 과대 해석하는 **확증편향**에 빠지게 되거든요.

실제 사례: 집단 심리에 휩쓸린 B씨의 쓰라린 교훈

2020년 중반, 제가 상담했던 B씨(51세, 중견기업 부장) 이야기를 들려드릴게요. B씨는 직장 동료들 사이에서 번진 "지방 오피스텔 투자 열풍"에 완전히 휩쓸렸어요.

당시 집단 심리 상황

- 직장 동료 5명이 모두 부산 오피스텔 투자 중
- "수익률 20% 보장", "임대 걱정 없어" 등의 달콤한 이야기
- "우리만 모르고 있었네, 빨리 해야겠어" 분위기

B씨가 놓친 DRIFT 분석

- 📊 D(Data): 해당 지역 오피스텔 공급량 급증 상황 미확인
- 📄 R(Regulation): 오피스텔 규제 강화 정책 신호 간과

- 🏗 I(Infrastructure): 실제 교통 접근성과 상권 발달 수준 미검토
- 🌊 F(Flow): 이미 투자 자금이 몰린 후 상황 인식 못함
- 🧠 T(Thinking): 독립적 판단 없이 동료들 의견에만 의존

씁쓸한 결과

- 매입 6개월 후 임대 공실 발생
- 1년 후 주변 시세 15% 하락
- 결국 2천만 원 손실로 매도

B씨는 "왜 나만 손해를 봤을까" 라고 억울해 했지만, 나중에 알고 보니 동료들도 비슷한 손실을 보고 있었어요. 다만 아무도 먼저 말하지 않았을 뿐이죠.

이런 경우가 정말 많아요. 모두가 성공한 것처럼 보이지만 실제로는 다들 속으로 끙끙 앓고 있는 거예요.

집단 심리에서 벗어나는 4가지 실전 방법

1️⃣ 나만의 투자 기준 먼저 세우기

남의 의견을 듣기 전에 내 **상황과 목표에 맞는 기준**을 명확히 세워두세요.

✅ 체크 포인트:

- 내 소득과 자산 규모에 맞는 투자 범위는?

- 내가 감당할 수 있는 리스크 수준은?

- 투자 목표(수익률, 기간, 용도)가 명확한가?

2 DRIFT 독립 분석 원칙

남들의 의견을 듣더라도 반드시 **내가 직접 DRIFT 분석을 해보세요.**

✅ 실행 방법:

- 📊 D(Data): 해당 지역/물건의 실제 데이터 직접 확인

- 📋 R(Regulation): 관련 정책이 미칠 영향 독립적 판단

- 🏗 I(Infrastructure): 입지와 인프라를 내 기준으로 평가

- 🌐 F(Flow): 시장 흐름을 객관적 지표로 확인

- 🧠 T(Thinking): 감정 배제하고 논리적으로 판단

3 반대 의견도 적극 수집하기

좋은 이야기만 듣지 말고 **부정적 의견과 리스크 요인도 적극적으로 찾아보세요.**

✅ 정보 균형 맞추기:

- 긍정적 정보 1개 수집 시 부정적 정보 1개도 찾기

- 성공 사례 뿐 아니라 실패 사례도 분석하기

- 업계 관계자 뿐 아니라 제3자 의견도 청취하기

4️⃣ 시간차 투자 전략

모든 사람이 몰릴 때는 한 발 뒤로 물러서서 상황을 지켜보세요.

✅ 타이밍 조절법:

- 열풍이 절정일 때는 관망
- 시장이 조정될 때 기회 포착
- 남들이 포기할 때 진짜 기회 발견

성공하는 투자자들의 공통점

제가 지난 20여 년간 만나본 성공적인 부동산 투자자들에게는 한 가지 공통점이 있었어요. 바로 **독립적 사고**였습니다.

🎯 성공 투자자들의 특징:

- **역발상 사고**: 남들이 열광할 때 조심, 남들이 포기할 때 관심
- **철저한 분석**: 남의 말보다 자신의 DRIFT 분석 우선
- **감정 통제**: 집단의 흥분이나 공포에 휩쓸리지 않음
- **장기 관점**: 단기 유행보다 장기 가치에 집중

혼자서도 올바른 판단을 내리는 법

"그럼 아무 의견도 듣지 말라는 건가요?"

물론 아니에요. 다양한 정보와 의견을 듣되, **최종 판단은 내 기준으로 하시라는 뜻**이거든요.

📋 **정보 활용의 올바른 순서:**

1. **내 기준 먼저 설정** (DRIFT 기반 투자 기준)

2. **다양한 의견 수집** (긍정/부정 의견 모두)

3. **독립적 분석 실행** (DRIFT 프레임워크 적용)

4. **내 기준에 맞는 최종 판단**

집단 심리는 때로는 도움이 되지만, 부동산 투자에서는 오히려 독이 되는 경우가 더 많아요. 남들이 하니까 따라 하는 것이 아니라, 내 상황과 기준에 맞는 선택을 하는 것이 진짜 현명한 투자자의 모습이거든요.

섹션 2.3 탐욕과 불안, 그리고 손해의 공식

감정이 지배하는 투자의 악순환

"이번엔 대박 나겠어!" → "어? 왜 안 오르지?" → "큰일 났다, 빨리 팔아야 해!" → "아, 팔고 나니까 오르네..."

혹시 이런 경험 해보신 적 있으세요? 아마 많은 분들이 고개를 끄덕이실 거예요. 저도 방송에서 이런 사연을 정말 많이 들었거든요.

부동산 투자에서 가장 큰 적은 시장도, 정책도 아닌 바로 우리 마음속의 **탐욕과 불안**이에요. 제가 20여 년간 컨설팅하면서 만난 실패 사례들을 분석해보니, 놀랍게도 90% 이상이 감정적 판단에서 비롯된 것이었어요.

탐욕과 불안이 만드는 치명적 착각들

탐욕의 3가지 착각

1 수익률 착각

"옆집은 1년 만에 50% 벌었다더라"는 이야기를 들으면, 나도 그 정도는 벌 수 있을 것 같은 착각에 빠져요. 하지만 높은 수익은 높은 리스크와 함께 온다는 기본 원칙을 까먹게 되죠.

마치 로또 당첨자 이야기만 듣고 "나도 살 수 있겠네" 하는 것과 비슷해요.

2 타이밍 착각

"지금 사면 1년 안에 몇 억은 벌겠어"라는 생각으로 성급하게 결정해요.

탐욕이 클수록 신중한 분석을 건너뛰게 되거든요.

3 능력 착각

몇 번의 작은 성공으로 "나는 부동산 투자에 재능이 있어" 라고 과신하게 돼요. 이때부터 리스크 관리를 소홀히 하게 되죠.

불안의 3가지 실수

1 성급한 매도

조금만 하락해도 "더 떨어지면 어떡하지?" 불안해서 손절매를 해요. 장기적으로 좋은 물건도 단기 변동에 휘둘려 놓치게 되죠.

2 기회 회피

"혹시 손해 보면 어떡하지?" 생각에 좋은 기회가 와도 망설이다가 놓쳐요. 불안이 클수록 보수적이 되어 성장 기회를 포기하게 되거든요.

3 과도한 안전장치

손실을 피하려다 보니 지나치게 안전한 선택만 하게 돼요. 하지만 절대 안전한 투자는 없고, 오히려 기회비용만 커지죠.

DRIFT로 본 감정의 위험성

📊 D(Data) 왜곡

탐욕에 빠지면 내가 원하는 데이터만 보게 돼요. 불리한 수치는 무시하고, 유리한 정보는 과대 해석하죠.

🧠 T(Thinking) 마비

"대박 나면 어떡하지?" 같은 환상에 빠져 냉정한 판단력을 잃어요. 논리적 사고보다 감정적 기대가 앞서게 되거든요.

실제 사례: C씨의 4단계 감정 투자 실패

제가 상담했던 C씨(38세, 자영업자)의 투자 실패담을 들려 드릴게요. 정말 교과서 같은 감정 투자의 대표 사례예요.

🟢 1단계: 탐욕의 시작 (2020년 초)

상황: 지인이 "지방 소형 오피스텔로 1년 만에 30% 수익 봤다"는 자랑
C씨 심리: "나도 그 정도는 벌 수 있겠어" (수익률 착각)
행동: 충분한 분석 없이 성급하게 부산 오피스텔 매입

C씨가 그때 저에게 하신 말씀이 기억나요. *"교수님, 이번엔 정말 확신이서요!"*

🟡 2단계: 현실과의 괴리 (매입 후 3개월)

상황: 임대가 안 되고, 주변 시세도 별로 오르지 않음
C씨 심리: "어? 이상하네? 곧 오를 거야" (확증편향)
행동: 불리한 신호들을 무시하고 계속 기대

🟠 3단계: 불안의 증폭 (매입 후 6개월)

상황: 주변 시세 5% 하락, 임대는 나갔지만 시세보다 낮은 가격
C씨 심리: "큰일 났다, 더 떨어지면 어떡하지?" (손실 회피 심리)
행동: 밤잠을 설치며 매일 시세 확인

🔴 4단계: 성급한 매도 (매입 후 8개월)

상황: 불안감을 이기지 못하고 10% 손실로 매도

C씨 심리: "더 떨어지기 전에 빨리…"

결과: 매도 3개월 후 해당 지역 재개발 호재 발표, 현재 시세는 C씨 매입가보다 **20% 상승**

C씨가 나중에 저에게 하신 말씀이 아직도 마음에 남아요. *"교수님, 왜 제 투자는 항상 이런 식일까요?"*

🔍 DRIFT 분석으로 보는 C씨의 실수

- 📊 **D(Data) 미흡**: 해당 지역 임대 수요, 공실률 데이터 미확인
- 📄 **R(Regulation)**: 오피스텔 관련 정책 변화 가능성 미고려
- 🏢 **I(Infrastructure)**: 교통 접근성과 상권 발달도 제대로 검토 안 함
- 🔄 **F(Flow)**: 단기 지인 성공담만 보고 시장 전체 흐름 무시
- 🧠 **T(Thinking)**: 탐욕과 불안에 휘둘려 냉정한 판단 불가

감정을 통제하는 5가지 실전 방법

1️⃣ 투자 원칙 미리 세우기

감정이 흔들릴 때를 대비해 **명확한 투자 원칙을 미리 세워두세요.**

✅ **원칙 예시**:

- 총 자산의 60% 이상은 부동산에 투자하지 않는다

- 1년 이상 장기 보유를 전제로 투자한다
- DRIFT 분석에서 3개 이상 요소가 긍정적일 때만 투자한다
- 10% 이상 손실 시 매도를 고려한다 (손절매 기준)

2 DRIFT 체크리스트 활용

감정이 앞설 때일수록 **체계적인 분석 도구에 의존하세요.**

✅ 감정 상태별 대응:

- **탐욕 상태**: D(Data)와 R(Regulation)에 집중 → 객관적 데이터와 정책 리스크 점검
- **불안 상태**: I(Infrastructure)와 F(Flow)에 집중 → 장기 입지 가치와 시장 흐름 재확인
- **혼란 상태**: T(Thinking)에 집중 → 냉정한 논리적 판단에 집중

3 감정 냉각기 두기

중요한 결정을 내릴 때는 **최소 3일의 숙고 기간을 두세요.**

✅ 감정 냉각 프로세스:

- **1일차**: 첫 인상과 감정적 반응 기록
- **2일차**: DRIFT 분석 실시
- **3일차**: 재검토 후 최종 결정

4 투자 일기 작성하기

매 투자 결정마다 그때의 심리 상태와 판단 근거를 기록해두세요.

✅ **기록할 내용:**

- 투자 결정 당시 심리 상태 (탐욕/불안/냉정 등)
- DRIFT 분석 결과와 투자 근거
- 예상 수익률과 리스크 요인
- 6개월 후 결과와 교훈

5 단계적 투자 전략

한 번에 큰 금액을 투자하지 말고 **단계적으로 진입하세요.**

✅ **단계적 투자 전략:**

- 1단계: 소액으로 테스트 투자 (총 예산의 30%)
- 2단계: 결과 검토 후 추가 투자 여부 결정 (30%)
- 3단계: 경험이 쌓인 후 본격 투자 (40%)

감정 통제의 달인들이 하는 것

제가 만난 성공적인 부동산 투자자들의 **감정 관리 비법**을 소개해 드릴게요.

🎯 **성공 투자자들의 공통 습관:**

"5분 룰" 적용
흥미진진한 투자 기회를 만나도 5분간은 침묵하며 생각한다.

"최악의 시나리오" 시뮬레이션
투자 전에 "가장 나쁜 상황이 오면 어떻게 될까?"를 반드시 생각해본다.

"성공 사례보다 실패 사례" 학습
성공담보다 실패 사례를 더 많이 연구하고 교훈을 얻는다.

"투자와 투기" 구분
단기 수익을 노리는 투기와 장기 가치를 보는 투자를 명확히 구분한다.

마음의 균형이 진짜 수익을 만든다

부동산 투자에서 가장 중요한 것은 **마음의 균형**이에요. 너무 탐욕스러워도, 너무 불안해해도 좋은 결과를 얻기 어려우거든요.

⚖️ **균형 잡힌 투자자의 모습:**

- 기회를 놓치는 것보다 손실을 피하는 것을 우선시

- 단기 변동에 일희일비하지 않고 장기 관점 유지

- DRIFT 분석에 기반한 논리적 판단

- 감정보다 원칙과 기준을 따르는 일관성

Chapter 2 마무리. 심리적 함정 극복 체크리스트

🚨 위험 신호 체크리스트

다음 중 하나라도 해당하면 잠시 멈추고 다시 생각해보세요:

- [ ] "지금 아니면 안 된다"는 생각이 든다
- [ ] 주변 사람들이 모두 같은 투자를 하고 있다
- [ ] "이번엔 대박 날 것 같다"는 확신이 선다
- [ ] 손실이 무서워서 밤잠을 설친다
- [ ] DRIFT 분석 없이 감정적으로 결정하려 한다

✅ 안전 장치 체크리스트

건전한 투자를 위해 다음을 확인하세요:

- [ ] 투자 원칙을 미리 세워두었다
- [ ] DRIFT 5요소를 모두 분석했다
- [ ] 긍정적 정보와 부정적 정보를 균형 있게 수집했다
- [ ] 최소 3일의 숙고 기간을 가졌다
- [ ] 내 상황과 목표에 맞는 선택인지 확인했다.

PART 2. 판단력

-판단력을 키우는 DRIFT 프레임워크-

Data, Regulation, Infrastructure, Flow, Thinking

을 통합한 체계적 분석 방법론 제시

Chapter 3. 정책을 읽는 눈, '룰'을 아는 자가 이긴다.

섹션 3.1 정책은 언제 시장을 바꾸는가?

"이번 정책으로 집값이 오를까요, 내릴까요?"

이런 질문을 받을 때마다 저는 먼저 이렇게 되물어봅니다. "언제까지 영향을 받을 거라고 생각하세요?" 대부분 즉시 효과가 나타날 거라고 기대하지만, 현실은 전혀 달라요.

혹시 여러분도 정책 발표 직후 "당장 집을 사야 하나, 팔아야 하나" 고민해본 적 있으시죠? 저도 20년 전 처음 이 일을 시작할 때는 그랬어요. 하지만 수천 건의 상담을 하면서 깨달은 게 있습니다.

부동산 정책은 발표 즉시 시장을 바꾸지 않습니다. 마치 큰 배가 방향을 틀 때처럼, 정책의 진짜 영향은 3개월에서 1년 정도의 시차를 두고 나타나요.

정책이 시장에 영향 주는 3단계

1단계 (발표 직후~3개월): 심리만 움직인다
정책 발표 직후엔 시장 심리만 요동쳐요. 실제 거래에는 큰 변화가 없습니다.

2020년 말 공시가격 현실화 정책을 기억하세요. "세금 폭탄이다"라는 우려가 쏟아졌지만, 실제 거래량이나 가격에는 즉시 영향이 없었어요. 저희 상담실에도 "당장 팔아야 하나요?"라는 문의가 쏟아졌는데, 저는 "3개월 후에 다시 이야기해보자"고 했습니다.

2단계 (3~6개월): 실제 변화가 시작된다

이 시기부터 정책이 실제 거래에 영향을 주기 시작해요. 새로운 규제나 혜택이 적용되면서 시장 참여자들의 행동이 바뀌거든요.

3단계 (6개월 이후): 새로운 균형을 찾는다

정책 효과가 완전히 시장에 반영되고, 새로운 균형점을 찾아가요. 이때가 되어야 **정책의 진짜 의미를 정확히 판단할 수 있습니다.**

진짜 강력한 정책 vs 그냥 뉴스용 정책

모든 정책이 같은 힘을 갖지는 않아요. 룰 변화를 읽으면 어떤 정책이 진짜 시장을 움직일지 미리 알 수 있습니다.

진짜 강력한 정책의 특징 3가지:

1. **내 지갑에 직접 영향**: 세금, 대출, 거래 조건을 바로 바꿔요
2. **시행 날짜가 명확**: "6개월 후 시행", "내년 1월부터" 같은 구체적 일정
3. **예외가 적음**: 조건이 복잡하지 않고 간단명료해요

반대로 그냥 뉴스용 정책은 "검토하겠다", "추진 계획" 같은 모호한 표현을 쓰고, 언제 시행할지 불분명하며, 예외 조항이 많아요.

같은 정책, 지역별로 다른 반응

지역	반응 순서	반응 강도	특징
강남 3구	1순위 (즉시)	가장 강함	정책 민감도 최고
서울 기타	2순위 (2-3개월 뒤)	강함	강남 패턴 따라감
수도권	3순위 (6개월 뒤)	보통	교통 좋은 곳부터
지방	4순위 (가장 늦음)	약함	지역 요인이 더 중요

주택 유형별로도 달라요:

- **아파트**: 정책 영향 가장 직접적
- **오피스텔**: 투자 수요 변화에 민감
- **빌라·연립**: 아파트보다 늦지만 비슷한 패턴

정책 변화를 미리 알아채는 3가지 신호

신호 1: 핵심 인물 발언 패턴

국토부 장관, 기재부 차관 등이 "검토 중", "필요하다면" 같은 표현을 반복하면 2-3개월 내 정책 변화 임박

신호 2: 통계 발표 후 정부 반응

월간 주택가격 동향 발표 후 "우려스럽다", "예의주시" 표현이 나오면 정책 변화 신호

신호 3: 국회 논의 사항

국정감사나 상임위에서 반복 거론되는 이슈는 곧 정책화 가능성 높음

정책 분석, 이렇게 3단계로 하세요

룰 변화를 읽으면서 DRIFT의 R(Regulation)을 제대로 활용하려면:

1단계: 진짜 목적 파악

"왜 지금 이 정책을 냈을까?" 표면적 목적과 실제 의도는 다를 수 있어요.

2단계: 영향 범위 측정

- 누구에게 영향? (대상)
- 언제부터 영향? (시점)
- 얼마나 강한 영향? (강도)

3단계: 내 상황 맞춤 대응

일반론이 아닌 내 상황에서의 구체적 대응 계획 수립

섹션 3.2 규제는 독인가, 기회인가

"또 규제네. 이제 부동산 투자는 끝났다."

규제가 발표될 때마다 이런 반응을 보이는 분들이 많아요. 하지만 제가 20년간 시장을 지켜보면서 깨달은 건, **규제를 제대로 읽을 줄 아는 사람에게는 규제가 오히려 기회**라는 점입니다.

혹시 여러분도 규제 소식을 들을 때마다 "이제 정말 끝났다"는 생각 드셨나요? 저도 처음엔 그랬어요. 그런데 상담실에서 만난 성공한 투자자들은 달랐어요. 남들이 "규제 때문에 못하겠다"고 할 때, 이분들은 "그럼 어떻게 하면 될까?"를 고민하더라고요.

룰 변화를 읽으면 규제에는 항상 두 얼굴이 있다는 걸 알 수 있어요. 겉으로 드러난 목적과 실제 정부 의도가 다를 수 있거든요. 이 차이를 읽어낼 수 있다면, 남들이 절망할 때 여러분은 기회를 발견할 수 있습니다.

규제에 숨어있는 3가지 진짜 의도

의도 1: 시장 참여자 솎아내기 정부는 "투기 억제"라고 말하지만, 실제론 자금력 있고 기다릴 수 있는 사람들만 남기려는 의도예요.

2017년 전매제한 정책을 기억하세요. 표면적으론 단기 투기를 막겠다는 것이었지만, 룰의 진짜 의미는 3-5년 보유 가능한 안정적 수요층만 남기려는 거였어요. 결과적으로 이 조건 만족한 사람들은 큰 수익을 얻었습니다.

의도 2: 지역 간 균형 맞추기

"전국 동일 기준"이라고 하지만, 실제론 지역별로 다른 효과를 노려요.

종부세 강화는 강남권엔 강력한 브레이크지만, 지방엔 거의 영향 없어요. 즉, 수도권 집중 완화하면서 지방 시장 상대적 부양이 진짜 목적인 거죠.

의도 3: 속도 조절, 방향 전환 아님 급등을 막겠다는 거지, 상승 자체를 막으려는 건 아니에요. 자동차 속도 조절과 같아요. 너무 빨리 가면 사고 나니까 속도 조절하는 거지, 목적지를 바꾸는 건 아니거든요.

규제가 만드는 새로운 기회 3가지

룰 변화를 읽으면 규제는 기존 시장 구조를 바꾼다는 걸 알 수 있어요. 구조가 바뀌면 반드시 새로운 기회가 생깁니다.

기회 1: 대체재 시장 급부상 강남 아파트 규제 강화되면, 자연스럽게 대체재에 관심 몰려요.

- 강남 → 강남 인접 지역 (서초, 송파 외곽)
- 아파트 → 오피스텔, 상가
- 분양권 → 기존 주택

실제 사례: 2020년 강남권 규제 강화 후, 성남 분당과 과천 시장이 크게 상승

기회 2: 시간차 활용 찬스 규제로 인한 일시적 거래 위축은 좋은 매물 나올 기회를 만들어요.

- 급매 물건 등장
- 구매자 감소로 인한 협상력 상승
- 정책 효과 나타나기 전 시간차 활용

기회 3: 정책 혜택 지역 발굴 규제 있으면 반드시 예외나 특혜 지역 있어요.

- 3기 신도시 같은 정책 수혜 지역
- 규제 강도 상대적으로 낮은 지역
- 향후 규제 완화 예상 지역

규제 대응 2가지 전략: 적응 vs 회피

적응 전략: 규제 안에서 최선 찾기

장점: 안정적이고 지속가능
단점: 수익률 상대적으로 제한적

실천법:

- 규제 조건 정확히 파악 후 최적 선택지 찾기
- 장기 보유 전제한 안정적 수익 추구
- 정책 방향 순응하며 혜택 영역 발굴

예시: 전매제한 분양권이라면, 아예 5년 이상 보유 계획으로 입지와 개발 계획 확실한 단지 선택

회피 전략: 규제 밖에서 기회 찾기

장점: 큰 수익 기회 가능

단점: 리스크 크고 정책 변화에 취약

⚠️ 주의사항: 반드시 법적 테두리 안에서만 진행하세요. 불법적 우회나 탈법 행위는 나중에 더 큰 손실로 이어질 수 있습니다.

실천법:

- 규제 대상 제외된 합법적 상품/지역 공략
- 규제 적용 전 타이밍 이용한 선제 투자
- 전문가 자문 받아 법적 안전성 확인

예시: 아파트 규제 강할 때 상업용 부동산이나 토지 투자로 전환 (단, 전문가 상담 필수)

내게 맞는 전략 선택하는 3가지 기준

자금 규모 기준:

- 자금 충분 → 적응 전략 (안전)
- 자금 제한적 → 회피 전략 (수익 추구, 단 신중하게)

투자 성향 기준:

- 안정형 → 적응 전략
- 공격형 → 회피 전략 (법적 리스크 충분 검토)

시장 상황 기준:

- 상승 초기 → 회피 전략 유효
- 상승 후기 → 적응 전략 안전

실전 적용: 규제를 기회로 만든 성공 사례

2020년 DSR 40% 규제 강화 시기

당시 많은 사람들이 "이제 부동산 투자는 끝났다"고 했어요. 하지만 룰의 **진짜 의미**를 읽은 한 고객은 이렇게 접근했습니다:

1단계: DSR 규제는 고소득자들에겐 큰 영향 없다는 점 파악
2단계: 일시적 수요 감소로 인한 가격 조정 기회 포착
3단계: 규제 시행 3개월 후, 강남권 소형 아파트 현금 매수
결과: 1년 후 30% 수익 달성

이 고객의 성공 비결? 규제를 장벽이 아닌 **진입 기회**로 본 것이었어요. 남들이 "못하겠다"고 할 때, "어떻게 하면 될까?"를 고민한 거죠.

섹션 3.3 정책 변화에 대응하는 실전 기준

"이번 정책 때문에 어떻게 해야 할지 모르겠어요."

정책이 바뀔 때마다 받는 가장 많은 질문이에요. 대부분 불안하거나 초조한 마음으로 묻는데, 저는 항상 이렇게 대답해요. "일단 심호흡 한 번 하시고, 찬찬히 생각해봐요."

바로 이 감정적 반응이 잘못된 판단의 시작이거든요. 혹시 여러분도 정책 뉴스를 보자마자 "어떡하지?"라는 생각부터 드시나요? 그럴 때일수록 더 차분해져야 해요.

룰 변화를 읽으면 정책 변화에 대응할 때 가장 중요한 건 일관된 기준을 갖는 거라는 걸 알 수 있어요. 감정에 휘둘리지 않고, 내가 미리 정해둔 기준에 따라 움직여야 해요.

정책 대응 3단계: 감정 → 분석 → 실행

1단계: 일단 멈춤 (48시간 대기)

정책 발표되면 언론과 전문가들이 온갖 분석을 쏟아내요. 하지만 대부분 감정적 반응이거나 성급한 해석이에요.

48시간 황금 원칙:

- ❌ 어떤 결정도 내리지 마세요
- ✅ 정책 원문을 차근차근 읽어보세요
- ✅ 언론 보도는 참고만, 원문이 우선

- ✅ "서두르지 말자"를 되뇌세요

저도 방송에서 정책 분석할 때 항상 "서두르지 마세요" 라고 말씀 드려요. 20여 년간 경험상, 첫 48시간 안에 내린 결정으로 후회한 분들을 너무 많이 봤거든요.

2단계: 내게 미치는 영향 분석 (3일~1주일)

룰의 진짜 의미를 파악했다면, 이제 나에게 어떤 영향을 줄지 분석해야 해요.

핵심 질문 5가지:

1. 내 계획에 직접 영향을 주나? (YES/NO)
2. 내 관심 지역/상품이 정책 대상인가? (YES/NO)
3. 대체 수요가 내 지역으로 몰릴까? (기회/위험)
4. 금융 조건이나 세금은 어떻게 바뀔까? (구체적 금액)
5. 6개월 후엔 어떤 변화가 예상될까? (시나리오 3가지)

3단계: 맞춤형 대응 실행 (1주일 이후)

일반론이 아닌 내 상황에 딱 맞는 대응 방안을 정하고 실행하세요.

상황별 대응 매뉴얼

📍 **내 집 마련 계획자**

규제 강화 시:

- 지역 재검토: 꼭 그 지역이어야 하나?
- 예산 조정: 추가 비용 10-20% 여유분 확보
- 타이밍 조정: 3-6개월 늦춰서 시장 안정 후 진입

규제 완화 시:

- 빠른 실행: 경쟁자 늘기 전 선제 대응
- 혜택 최대화: 완화 조건에 정확히 부합하는지 확인

📍 **갈아타기 고려자**

판단 기준 3가지:

1. 현 주택이 규제 타격 받는 정도
2. 목표 지역의 규제 변화 방향
3. 양도세 등 세금 조건 변화

전략: 규제 영향 적은 쪽에서 많은 쪽으로 이동이 기본

📍 **투자 목적자**

안정형: 규제 영향 적은 안전 지역 + 장기 보유
공격형: 규제 틈새 시장 발굴 (단, 법적 검토 필수)

절대 하면 안 되는 3가지 실수

❌ 실수 1: 감정적 급 반응 "규제 나왔으니 당장 팔자" 또는 "완화됐으니

바로 사자"

올바른 방법: 48시간 기다리고 → 내 상황 분석 → 논리적 결정

✗ 실수 2: 전문가 의견 맹신
상반된 전문가 의견에 휘둘리기

올바른 방법: 다양한 의견 수집 → 내 상황 맞춤 분석 → 스스로 최종 판단

✗ 실수 3: 계획 전면 수정 정책 바뀔 때마다 계획 완전히 바꾸기

올바른 방법: 기본 방향 유지 → 미세 조정만 → 장기 관점 잃지 않기

나만의 정책 대응 기준 만들기

룰 변화를 읽으면서 정책 변화에 흔들리지 않으려면 미리 정해둔 기준이 있어야 해요.

🎯 간단한 기준 설정 공식

목적: 내 집 마련 / 갈아타기 / 투자 (1개 선택)
기한: ○년 이내 (구체적 숫자)
예산: 최대 ○억원 (여유분 포함)

규제 대응 원칙:

- 강화 시: [예산 조정 / 지역 변경 / 타이밍 연기] 중 선택
- 완화 시: [빠른 실행 / 신중 관망] 중 선택

실전 성공 사례: 김씨 부부의 흔들리지 않는 기준

김씨 부부(결혼 3년차)가 상담 받으러 오셨을 때 함께 정한 기준:

목적: 3년 내 서울 첫 집 마련
예산: 6억원 (대출 포함)
우선순위: 교통 → 학군 → 개발호재

대응 원칙:

- 대출 규제 강화 → 예산 8천만원 하향
- 분양권 규제 강화 → 기존 주택으로 전환
- 세금 정책 변화 → 보유 비용 재계산 후 판단

결과: 2021년 대출 규제 강화됐을 때도 "예상한 상황이네, 계획대로 가자"며 흔들리지 않았어요. 미리 정해둔 기준 덕분에 감정이 아닌 논리로 대응할 수 있었죠.

Chapter 3 마무리. 정책 읽는 눈, 이렇게 기르세요

여러분, Chapter 3에서 룰 변화를 읽는 기초를 다지셨어요!

매주 10분 훈련법

1. 정책 뉴스 1개 깊이 읽기: 원문까지 찾아서
2. 6개월 후 예측해보기: "이 정책이 시장을 어떻게 바꿀까?"

3. 결과 검증하기: 3개월 후 내 예측과 실제 비교

📋 DRIFT 정책 분석 핵심 체크리스트

☐ 48시간 기다렸나?
☐ **룰의 진짜 의미 파악했나?**
☐ 내 상황 영향 분석했나?
☐ 감정 말고 기준으로 판단했나?
☐ 장기 계획과 일관성 확인했나?

DRIFT 포인트: 정책(Regulation)은 시장을 움직이는 강력한 힘이지만, 그 영향은 즉시 나타나지 않아요. **룰 변화를 읽을 수 있다면** 시장 변화가 두렵지 않아요. 오히려 남들이 혼란 스러워 할 때 더 좋은 기회를 잡을 수 있습니다.

Chapter 4. 입지와 흐름

데이터가 말해주는 지역의 생명력 (Infrastructure & Flow)

섹션 4.1 입지는 왜 변하지 않는가 (Infrastructure)

불변하는 입지의 힘, 그 비밀을 찾아서

"입지가 전부다"라는 말, 한 번 쯤은 들어 보셨죠? 하지만 정작 좋은 입지가 무엇인지 명확하게 아시는 분은 많지 않아요.

첫 집을 고르는 신혼부부들은 "역세권이 좋다더라", "학군이 중요하다더라" 하는 단편적인 정보에 혼란스러워 하시고, 갈아타기를 고민하는 분들도 "지금 집도 나쁘지 않은데, 굳이 옮겨야 하나?" 하며 기준 없는 고민에 빠지죠.

오늘은 DRIFT의 'I(Infrastructure)' 를 통해 진짜 변하지 않는 입지의 조건을 함께 찾아보겠습니다.

입지가 만드는 마법: 시간이 갈수록 더 강해지는 가치

부동산에서 입지가 특별한 이유는 재생산이 불가능하기 때문입니다. 같은 아파트를 다른 곳에 똑같이 지을 수는 있지만, 그 위치는 절대 복사할 수 없거든요.

많은 분들이 '좋은 입지'하면 강남, 여의도, 분당 같은 완성된 지역만 떠올리는데, 이는 반쪽짜리 이해예요. **진짜 입지의 힘은 미래에 펼쳐질 변화까지 내다보는 것**에 있습니다.

송도국제도시는 2003년 매립지였고, 판교 테크노밸리는 2006년 그린벨트 지역이었어요. 하지만 개발 계획을 제대로 읽을 수 있었던 분들은 미래 가치를 예측할 수 있었죠.

DRIFT의 'I'가 알려주는 4가지 기본 조건

Infrastructure의 하드웨어적 기본 조건을 제대로 분석하려면 다음 4가지 핵심 요소를 봐야 합니다:

💡 Infrastructure vs Flow 구분하기

- Infrastructure (I): "있다/없다"로 판단 가능한 시설과 계획
- Flow (F): "얼마나 빠르게/어떤 방향으로" 변화하는 흐름

예시:

- GTX 계획 확정 → I (Infrastructure)
- GTX 영향으로 인구 유입 속도 → F (Flow)
- 학군 형성 완료 → I (Infrastructure)
- 학군 선호도 상승 추세 → F (Flow)

1. 교통 인프라의 광역 연결성

현재와 미래를 아우르는 교통망을 봐야 해요. 단순히 "지하철역이 가깝다"가 아니라, 그 지하철이 주요 업무지구로 어떻게 연결되는지, 앞으로 어떤 노선이 추가될 예정인지까지 분석하세요.

GTX(수도권을 30분대로 연결하는 광역급행철도) 계획이 확정된 지역은 현재 외곽처럼 보여도 향후 10년 내에 강남까지 20분 거리로 바뀔 수 있어요. 이런 **구조적 변화**를 미리 읽어내는 것이 DRIFT의 'I' 분석력입니다.

2. 생활 편의시설의 집적도와 다양성

도보 15분 내에 갖춰진 편의시설의 종류와 품질을 확인하세요. 마트, 병원, 은행, 관공서가 얼마나 체계적으로 배치되어 있는지가 중요해요.

특히 대형마트나 백화점 같은 앵커시설은 그 지역의 상권 규모를 보여주는 지표입니다. 이런 시설들이 들어선다는 것은 유통업체가 그 지역의 구매력을 인정했다는 의미 거든요.

3. 교육 인프라의 생태계

학군이 좋다는 것은 단순히 좋은 학교만 있다는 뜻이 아니에요. 우수한 공교육 시설, 발달한 사교육 인프라, 그리고 교육에 관심 높은 계층이 형성하는 **교육 생태계** 전체를 의미합니다.

4. 업무지구와의 접근성

주요 업무지구로의 출퇴근 효율성을 종합적으로 계산해보세요. 단순한 거리가 아니라 실제 소요시간, 교통비, 환승 횟수를 모두 고려해야 합니다.

실전 Infrastructure 체크리스트

관심 있는 지역을 DRIFT의 'I' 관점에서 분석할 때는 이렇게 점검해보세요:

교통 인프라 (25점)

- 지하철/광역철도 접근성 (10점): 도보 10분 이내 우수(8-10점), 15분 이내 보통(5-7점)
- 고속도로/간선도로 연결성 (5점): IC까지 10분 이내 우수
- 향후 교통망 확장 계획 (5점): 확정 계획 있음 우수
- 공항/KTX 접근성 (5점): 1시간 이내 우수

생활 편의시설 (25점)

- 대형 상업시설 (8점): 도보 15분 내 대형마트+백화점 우수
- 의료시설 (7점): 종합병원 30분 이내, 의원 도보권 우수
- 금융/행정기관 (5점): 은행·구청 등 도보 20분 이내 우수
- 문화/체육시설 (5점): 도서관·체육관 접근 용이 우수

교육 인프라 (25점)

- 공교육 학군 수준 (15점): 특목고·자사고 다수 우수(12-15점)
- 사교육 시설 밀집도 (10점): 대형 학원가 형성 우수

업무 연결성 (25점)

- 주요 업무지구 접근성 (20점): 강남·여의도·광화문 1시간 이내 우수
- 대중교통 출퇴근 편의성 (5점): 환승 1회 이내 우수

점수 해석:

- 80점 이상: 최상급 입지
- 60-79점: 우수 입지
- 40-59점: 보통 입지
- 40점 미만: 재검토 필요

⚠️ Infrastructure 분석 시 흔한 실수

- 미래 계획을 현재 시설로 착각: "GTX 계획"과 "개통"은 다름
- 브랜드 프리미엄 과대평가: 브랜드 아파트가 Infrastructure는 아님
- 일시적 편의 vs 구조적 조건 혼동: 정책 혜택을 Infrastructure로 착각

⚠️ 이런 경우는 주의하세요

일시적 프리미엄을 Infrastructure로 착각하는 경우:

- 브랜드 아파트 효과로 인한 가격 거품

- 정책적 특혜나 일회성 호재
- 투기적 수요로 인한 급등

진정한 Infrastructure 가치:

- 지형적 특성과 자연 조건
- 도심과의 물리적 거리
- 기 구축된 대규모 교통망
- 역사적으로 형성된 중심지

목적별 Infrastructure 우선순위

신혼부부 내 집 마련

- 생활 편의시설 40% + 교통 30% + 교육 20% + 업무 10%

갈아타기 고려

- 교육 인프라 35% + 업무 연결 30% + 생활 25% + 교통 10%

투자 목적

- 교통 인프라 40% + 업무 연결 30% + 생활 20% + 교육 10%

자신의 상황에 맞는 가중치를 적용해서 80점 이상이 나오는 곳이라면 **10년 후에도 후회하지 않을 Infrastructure를 갖춘 곳이라고 볼 수 있어요.**

마무리: Infrastructure는 시간의 친구

좋은 Infrastructure는 시간이 갈수록 그 진가를 발휘합니다. 당장의 가격 변동보다는 10년, 20년 후에도 변하지 않을 가치에 주목하세요.

하지만 Infrastructure의 기본 조건만으로는 완벽한 판단이 어려워요. 눈에 보이는 시설들 너머에는 더 깊은 입지의 비밀들이 숨어있거든요.

섹션 4.2 교통·학군·인프라 외 진짜 기준

모두가 놓치는 Infrastructure의 숨겨진 가치

"교통 좋고, 학군 좋고, 편의시설 잘 되어 있는 곳이면 좋은 입지 아닌가요?"

이런 질문을 정말 많이 받아요. 앞서 섹션 4.1에서 다룬 기본 조건들은 분명히 중요해요. 하지만 이것 만으로는 부족합니다. 모든 사람이 다 아는 조건들은 이미 가격에 반영되어 있기 때문이에요.

갈아타기를 고민하는 분들이 "좋다는 조건은 다 갖춘 것 같은데, 왜 기대만큼 만족도가 높지 않을까?" 하고 의아해하시는 이유가 바로 여기에 있어요.

진짜 좋은 입지는 Infrastructure의 소프트웨어적 숨겨진 가치에서 결정되거든요.

DRIFT의 'I'가 알려주는 4가지 숨겨진 조건

20년간 수천 건의 부동산 상담을 하면서 발견한 것은, 정말 만족도 높은 입지들은 다음과 같은 '보이지 않는 조건들'을 갖추고 있다는 점이었어요.

1. 지형적 안정성과 자연환경의 품질

많은 분들이 간과하는 것 중 하나가 바로 미시적 지형과 자연환경이에요.

고지대의 프리미엄: 조망권과 일조권이 좋고, 집중호우 시 침수 위험이 낮아요. 기후변화로 극한 기상현상이 잦아지는 요즘, 더욱 중요한 조건이

되었습니다.

수변 공간의 양면성: 강이나 바다 인접은 조망이 좋지만 습도와 개발 제약을 고려해야 해요. 다만 친수 공간이 잘 조성된 곳이라면 오히려 큰 장점이 됩니다.

바람길과 통풍: 여름철 자연 통풍이 잘 되는지, 미세먼지가 정체되지 않는 지형인지도 실제 거주 만족도에 큰 영향을 미쳐요.

한강변 고급 주거지나 분당의 구릉지 아파트들이 시간이 지나도 높은 가치를 유지하는 이유가 바로 이런 자연환경의 장점 때문입니다.

2. 생활권의 완결성과 보행 친화성

4.1에서 다룬 '편의시설 존재'를 넘어서, **실제 이용 시의 편의성과 만족도**를 봐야 해요.

15분 생활권의 실현도: 집에서 도보나 자전거로 15분 내에 일상생활 필수 요소들을 모두 해결할 수 있는지 확인하세요. 마트, 병원, 은행, 카페가 하나의 동선에서 자연스럽게 연결되는지가 핵심입니다.

보행환경의 질: 단순히 보도가 있는 것이 아니라, 그늘이 있는지, 경사가 심하지 않은 지, 밤늦게도 안전한지 등 **실제 걸어 다니는 경험**을 고려해야 해요.

커뮤니티 공간: 작은 공원, 산책로, 북카페 등이 있어 주민들 간 자연스러운 만남과 소통이 이뤄지는 곳인지 중요해요.

3. 커뮤니티 인프라와 사회적 안정성

이 부분은 정말 중요한데 많은 분들이 놓치는 요소예요.

주민층의 안정성과 동질성: 거주 기간이 긴 주민들이 많고, 비슷한 라이프스타일을 가진 사람들이 모여 사는 지역일수록 커뮤니티가 안정적이에요.

소상공인 생태계의 건강성: 오래된 맛집, 동네 카페, 개인 상점들이 꾸준히 영업하고 있다면 그 지역의 경제적 안정성과 매력도를 보여주는 신호입니다.

자발적 활동의 활성도: 주민자치회, 동호회, 육아 품앗이, 반상회 등이 활발한 지역은 삶의 질이 높고 치안도 좋아요.

4. 라스트 마일 접근성과 생활 디테일

4.1의 '광역 교통망'을 넘어서, 실제 일상에서 느끼는 접근성의 품질을 봐야 해요.

라스트 마일의 편의성: 지하철역에서 집까지, 아파트 정문에서 우리 집까지의 동선이 얼마나 편리한지가 실제 생활 만족도를 좌우해요.

주차환경의 현실성: 아파트 주차 대수 뿐만 아니라 주변 도로의 주차 여건, 방문객 주차 가능성까지 종합적으로 고려하세요.

배송과 서비스 접근성: 온라인 쇼핑이 일상화된 요즘, 택배 배송이 원활한지, 각종 서비스(음식 배달, AS 등)가 잘 되는지도 중요한 생활 인프라

예요.

실전 숨겨진 가치 체크리스트

지형과 자연환경 (25점)

- 배수 및 자연재해 안전성 (10점): 침수이력 없음 우수(8-10점), 일부 있음 보통(4-7점)
- 일조권·조망권·통풍 (10점): 남향+조망+통풍 모두 양호 우수
- 소음·대기·냄새 등 환경 품질 (5점): 환경 문제 전혀 없음 우수

생활권 완결성 (25점)

- 15분 생활권 실현도 (15점): 필수시설 모두 15분 내 우수(12-15점)
- 보행환경과 커뮤니티 공간 (10점): 안전한 보행로+커뮤니티 시설 충분 우수

커뮤니티 인프라 (25점)

- 주민 구성의 안정성과 동질성 (15점): 장기거주 60% 이상+동질적 계층 우수
- 소상공인 생태계 건강성 (10점): 개인상점 다수+5년 이상 운영 우수

라스트 마일 접근성 (25점)

- 라스트 마일 편의성 (15점): 역-집 동선 평지+안전+10분 이내 우수
- 주차·배송 등 생활 디테일 (10점): 주차여유+배송원활 우수

총 100점 기준으로 80점 이상이면 숨겨진 가치가 충분한 입지라고 볼 수 있어요.

⚠️ 숨겨진 가치 찾기의 함정

- **개인 취향을 일반화**: 내가 좋아하는 것이 모두에게 좋은 건 아님
- **과도한 완벽주의**: 100점짜리 입지는 존재하지 않음
- **현재 불편을 미래 가치로 과대 보상**: "지금 불편하니 나중에 더 오를 것"은 위험

⚠️ 이런 경우는 주의하세요

환경적 리스크 놓치기

- 소음: 낮에만 확인하고 밤늦은 시간 소음 간과
- 냄새: 바람 방향 고려 없이 특정 시간만 확인
- 일조권: 겨울철 일조 시간 체그 누락

사회적 리스크 간과

- 혐오시설: 장례식장, 유흥가 등의 영향 과소평가
- 갈등요소: 종교시설이나 정치적 집회 장소로 인한 불편

현장 확인의 핵심 노하우

시간대별·계절별 다각도 확인이 필수입니다.

시간대별 체크

- 평일 출퇴근(7-9시, 6-8시): 교통 혼잡과 소음 수준
- 주말 오후(2-5시): 생활편의성과 동네 분위기
- 저녁 시간(8-10시): 치안과 야간 환경

계절별 체크

- 여름: 서향 직사광선, 통풍, 에어컨 실외기 소음
- 겨울: 북서풍 영향, 일조권, 난방비
- 장마철: 침수 위험, 습도, 곰팡이 문제

주민과의 소통: 그 지역에 실제로 살고 있는 주민들, 상점 사장님들 과의 대화에서 얻는 **생생한 정보**가 가장 현실적입니다.

라이프스타일별 숨겨진 가치 우선순위

신혼부부 내 집 마련

- 생활권 완결성 40% + 환경 품질 30% + 커뮤니티 20% + 라스트 마일 접근성 10%

갈아타기 고려

- 환경 품질 35% + 커뮤니티 30% + 생활권 완결성 25% + 라스트 마일 접근성 10%

투자 관점

- 커뮤니티 안정성 40% + 환경 품질 30% + 생활권 완결성 20% + 라스트 마일 접근성 10%

마무리: 숨겨진 가치가 만드는 차별화

진짜 좋은 입지는 모든 사람이 좋다고 인정하는 곳이 아니에요. 당신의 라이프스타일과 가치관에 완벽하게 맞아떨어지는 곳이 진짜 좋은 입지입니다.

4.1에서 다룬 Infrastructure의 기본 조건들은 이제 출발점일 뿐이에요. 그 너머에 숨어있는 진짜 가치들을 발견하는 안목을 기르는 것이 부동산 성공의 비밀입니다.

섹션 4.3 상승하는 지역의 공통점은 무엇인가 (Flow)

지역이 살아나는 순간을 포착하라

"이 동네가 뜰 것 같긴 한데, 확신이 서지 않아요."

투자를 고려하는 분들이 가장 많이 하시는 고민이에요. 분명 좋은 조건들이 하나 둘 갖춰지고 있는 것 같은데, 정말 이 지역이 상승할지 확신하기 어렵다는 거죠.

앞서 섹션 4.1과 4.2에서 Infrastructure의 정적인 조건들을 살펴봤다면, 이제는 지역이 성장하고 변화하는 동적인 패턴을 읽어내야 할 시간입니다.

오늘은 DRIFT의 'F(Flow)' 요소를 통해 지역 상승의 흐름과 그 패턴을 예측하는 방법을 함께 살펴보겠습니다.

지역 상승의 4단계 생명주기

20여 년 간 부동산 시장을 지켜보면서 발견한 것은, 상승하는 지역에는 분명한 생명주기와 패턴이 있다는 점이에요.

1단계 - 씨앗기 (Seed Stage)

- **주요 신호**: 대규모 개발 계획 발표, 교통망 확충 결정
- **Flow 특징**: 토지거래 증가, 건축허가 건수 상승
- **가격 변화**: 아직 미미하지만 관련 뉴스 등장

2단계 - 움트기 (Sprouting Stage)

- **주요 신호**: 실제 공사 시작, 브랜드 건설사 관심 표명
- Flow **특징**: 분양률 상승, 분양권 거래 활발
- **가격 변화**: 서서히 상승 시작, 프리미엄 확대

3단계 - 성장기 (Growth Stage)

- **주요 신호**: 첫 입주 시작, 상권 형성, 인구 유입 본격화
- Flow **특징**: 전세 수요 급증, 매매 거래량 폭증
- **가격 변화**: 상승 가속화, 언론 관심 집중

4단계 - 성숙기 (Mature Stage)

- **주요 신호**: 브랜드 아파트 입주 완료, 완전한 생활권 형성
- Flow **특징**: 거래량 안정, 가격 변동성 감소
- **가격 변화**: 프리미엄 고착화, 안정적 유지

송도, 판교, 광교 모두 이런 패턴을 거쳤어요. 중요한 것은 '어느 단계에서 어떤 목적으로 들어가느냐'입니다.

DRIFT의 'F'로 읽는 3가지 핵심 Flow

1. 인구 유입의 질적 변화와 패턴

가장 확실한 상승 신호는 경제력 있는 젊은 전문직층의 지속적인 유입이

에요.

주목할 인구 지표들:

- 20-30대 전문직 비율 증가: 결혼·출산으로 이어져 안정적 수요 기반 조성
- 고학력층·맞벌이 가구 증가: 구매력과 교육 관심도가 높아 지역 발전 동력
- 기존 거주민의 업그레이드: 전세→매매, 소형→대형으로 내부 성장

10년 전 판교나 광교도 IT 기업 직장인들의 유입으로 시작해서 점점 다양한 계층으로 확산되었죠.

2. 상권과 경제활동의 진화

상권 발달 단계별 신호들:

- 1단계: 생활형 프랜차이즈 진출 (편의점, 카페)
- 2단계: 대형 프랜차이즈 진출 (패밀리 레스토랑, 브랜드 매장)
- 3단계: 독립 상점 등장 (개성 있는 카페, 맛집)
- 4단계: 복합 상업시설 완성 (백화점, 아울렛)

경제활동 지표들:

- 신규 사업자등록 증가율

- 카드 매출액 상승률
- 상가 임대료 상승 추세

3. 교통과 생활 패턴의 역동성

교통 Flow의 변화 신호들:

- **대중교통 이용률 지속 증가**: 지역 활동인구 증가의 확실한 지표
- **교통 혼잡 패턴 변화**: 역설적이지만 특정 시간대 혼잡은 활성화 신호
- **신규 교통수단 도입**: 마을버스, 순환버스 등 지역 내 교통망 확충

생활 패턴 변화들:

- 주차 공간 부족 현상 (수요 증가)
- 배송 서비스 확대 (온라인 쇼핑 증가)
- 24시간 편의시설 등장 (유동인구 증가)

실전 Flow 분석 체크리스트

감이나 추측이 아니라, 구체적인 데이터로 검증해보세요.

인구 Flow 지표 (40점)

- 최근 3년 20-40대 증가율 (20점): 연 3% 이상 증가 우수(16-20점), 1-3% 보통(10-15점)

- 고학력·전문직 비율 상승 (15점): 대졸 이상 60% 이상 우수(12-15점)

- 전입 vs 전출 비율 (5점): 전입이 전출 대비 120% 이상 우수

경제 Flow 지표 (30점)

- 신규 사업체 등록 증가 (15점): 연 5% 이상 증가 우수(12-15점)

- 소비 증가율(카드매출 등) (15점): 지역 평균 대비 110% 이상 우수

부동산 Flow 지표 (30점)

- 실거래 거래량 증가 추세 (15점): 전년 대비 20% 이상 증가 우수

- 전세가율(전세가/매매가 비율) 상승 (15점): 70% 이상 우수(12-15점), 60-70% 보통

총점 해석:

- 80점 이상: 강력한 상승 Flow - 적극 검토

- 60-79점: 상승 가능성 있음 - 긍정적 검토

- 40-59점: 관망 필요 - 추가 모니터링

- 40점 미만: 신중한 접근 - 다른 지역 탐색

⚠ Flow 분석의 흔한 오류

- 단기 변화를 장기 추세로 착각: 3개월 변화 ≠ 3년 추세

- **언론 노출을 Flow로 착각**: 뉴스가 많다고 좋은 Flow는 아님
- **투기 거품을 건전한 성장으로 오인**: 실거주 수요 없는 상승은 위험

⚠️ 이런 경우는 주의하세요: 가짜 Flow vs 진짜 Flow

모든 변화가 긍정적인 것은 아니에요. 일시적 거품과 지속 가능한 성장을 구별해야 합니다.

가짜 Flow 신호 (위험)

- **3개월 내 30% 이상 급등**: 투기 거품 가능성
- **투자자 몰림 현상**: 실거주 수요 없는 가격 상승
- **과도한 언론 노출**: "핫 플레이스" 과열 양상
- **정책 의존적 호재**: 정책 변경 시 급락 위험

진짜 Flow 신호 (기회)

- **연 10-20% 점진적 상승**: 건전한 수요 증가
- **실거주 목적 수요 증가**: 안정적 가격 기반
- **실질적 생활 인프라 개선**: 지속 가능한 발전
- **산업과 일자리 기반 성장**: 구조적 변화

목적별 Flow 타이밍 전략

Flow의 단계를 파악했다면, 언제 어떤 목적으로 진입할지 전략을 세워야 해요.

실거주 목적 (신혼부부·갈아타기)

- **최적 타이밍**: 2-3단계 (움트기~성장 초기)
- **이유**: 생활 편의성 확보 + 적정한 가격 수준
- **주의점**: 너무 이르면 생활 불편, 너무 늦으면 가격 부담

투자 목적

- **최적 타이밍**: 1-2단계 (씨앗~움트기)
- **이유**: 최대한 이른 시점에서 상승 수익 극대화
- **주의점**: 리스크 관리와 충분한 현금 흐름 확보

나만의 Flow 모니터링 시스템 구축

정기적 점검 루틴:

- **월간**: 관심 지역 현장 답사, 분위기 변화 감지
- **분기**: 주요 데이터 업데이트 및 점수 재계산
- **반기**: 전략 재검토 및 포트폴리오 조정

정보 수집 네트워크:

- 지역 부동산 중개업소와의 정기적 소통
- 온라인 커뮤니티와 지역 소식 모니터링
- 실거주민들과의 대화를 통한 생생한 정보 수집

의사결정 기준:

- Flow 점수 60점 이상: 적극 검토 시작
- 80점 이상 + Infrastructure 60점 이상: 실행 검토
- 지속적인 하락 추세: 전략 재검토

마무리: 흐름을 타는 자가 미래를 잡는다

상승하는 지역에는 분명한 흐름이 있어요. 그 흐름을 일찍 감지하고 올바르게 해석하는 능력이 부동산 성공의 핵심입니다.

"모든 사람이 좋다고 할 때는 이미 늦었다"는 원칙을 기억하세요. 진짜 기회는 남들이 아직 눈치채지 못한 변화의 흐름 속에 숨어있습니다.

지금까지 **DRIFT의 'I(Infrastructure)'와 'F(Flow)'**를 함께 살펴봤어요. Infrastructure의 정적인 조건과 Flow의 동적인 패턴을 결합하면, 단순히 현재 좋은 곳이 아니라 미래에 더 좋아질 곳을 찾아낼 수 있습니다.

여기까지 Infrastructure와 Flow 분석을 완료했습니다. 이제 중요한 질문이 남았어요:

"내가 분석한 결과가 정말 맞을까? 객관적인 데이터는 어떻게 말하고 있을까?"

아무리 좋은 입지 분석과 흐름 예측을 해도, 우리의 주관적 판단에는 편향이 있을 수 있습니다. 특히 "이 동네가 뜰 것 같다"는 기대감이 분석을 왜곡시킬 수도 있어요.

Chapter 4 통합 가이드. I×F 종합 판단 시스템

🎯 **Infrastructure × Flow 통합 판단 매트릭스**

지금까지 Infrastructure(I)와 Flow(F) 각각의 분석 방법을 익혔습니다. 이제 이 두 요소를 통합해서 최종 판단을 내리는 방법을 알아보겠습니다.

I×F 통합 의사결정 매트릭스

I점수	F점수	종합판단	적합한 목적	핵심 전략	주의사항
80+	80+	🟢 최우선 검토	모든 목적	적극 검토, 신속 결정	가격 프리미엄 고려
80+	60-79	🟡 안정 선택	실거주 우선	장기 보유 관점	Flow 개선 모니터링
60-79	80+	🟡 성장 기대	투자 검토	타이밍 중시	Infrastructure 보완 확인
70-79	70-79	🟠 신중 검토	상황별 판단	다른 요소 고려	경쟁 지역과 비교
80+	60미만	🟠 현상유지형	안정 추구	장기 거주 고려	상승폭 제한적
60미만	80+	🟠 고위험	권장하지 않음	신중한 접근	Infrastructure 리스크
70미만	70미만	🔴 재검토	-	다른 지역 탐색	전면 재검토 필요

상충 상황별 대응 전략

🏅 Infrastructure 우세형 (I 높음 + F 보통)

- 특징: 안정적이지만 상승폭 제한적
- 적합 대상: 실거주, 안정 추구 투자자
- 전략: 장기 보유, 생활 만족도 중시
- 리스크: 단기 수익률 기대 어려움

실제 사례: 강남 기존 아파트, 분당 성숙 단지
판단 기준: "지금 살기 좋지만 폭등은 기대 안 해"

📈 Flow 우세형 (I 보통 + F 높음)

- 특징: 성장 잠재력 있지만 리스크 존재
- 적합 대상: 투자자, 성장 지역 선호
- 전략: 타이밍 중시, 적극적 모니터링
- 리스크: Infrastructure 부족으로 인한 불편

실제 사례: 신도시 초기, 개발 예정 지역
판단 기준: "지금은 불편하지만 미래가 밝아"

⚖️ 균형형 (I와 F 모두 보통)

- 특징: 특별한 장점 없음, 무난한 선택

- **적합 대상**: 명확한 기준 없는 경우
- **전략**: 다른 지역과 비교 검토
- **리스크**: 기회비용 발생 가능

판단 기준: "나쁘지 않지만 특별하지도 않아"

목적별 I×F 가중치 적용법

실거주 우선 (신혼부부, 갈아타기)

- **가중치**: Infrastructure 70% + Flow 30%
- **이유**: 현재 생활 편의성이 더 중요
- **최소 기준**: I 75점 + F 60점 이상

투자 목적 (수익률 중시)

- **가중치**: Infrastructure 40% + Flow 60%
- **이유**: 미래 상승 가능성이 더 중요
- **최소 기준**: I 65점 + F 75점 이상

장기 자산 보유 (안정성 중시)

- **가중치**: Infrastructure 80% + Flow 20%
- **이유**: 시간이 지나도 변하지 않는 가치 중시
- **최소 기준**: I 80점 + F 50점 이상

통합 점수 계산법

기본 공식:

통합 점수 = (I점수 × I가중치) + (F점수 × F가중치)

실거주 예시:

I점수 80 × 0.7 + F점수 70 × 0.3 = 56 + 21 = 77점

→ 77점 (우수한 실거주 입지)

투자 예시:

I점수 70 × 0.4 + F점수 85 × 0.6 = 28 + 51 = 79점

→ 79점 (매력적인 투자 기회)

의사결정 단계별 체크포인트

1단계: 개별 분석 완료 확인

- Infrastructure 체크리스트 완성 (섹션 4.1 + 4.2)
- Flow 체크리스트 완성 (섹션 4.3)
- 각각 60점 이상 확보

2단계: 통합 매트릭스 적용

- 목적에 맞는 가중치 선택
- 통합 점수 계산

- 매트릭스 상 위치 확인

3단계: 상충 상황 점검

- I와 F 점수 차이 20점 이상인가?
- 상충 시 대응 전략 수립
- 대안 지역과 비교 검토

4단계: 최종 의사결정

- 리스크 요소 재점검
- 개인 상황과의 적합성 확인
- 실행 계획 수립

실전 적용 사례

사례 1: 신혼부부 첫 집 선택

- 지역 A: I 85점, F 65점 → 통합 80점 (실거주 가중치)
- 지역 B: I 70점, F 80점 → 통합 73점 (실거주 가중치)
- 결론: 지역 A 선택 (안정적 Infrastructure 우선)

사례 2: 투자 목적 선택

- 지역 A: I 85점, F 65점 → 통합 73점 (투자 가중치)
- 지역 B: I 70점, F 80점 → 통합 76점 (투자 가중치)

- 결론: 지역 B 선택 (상승 Flow 우선)

지속적 모니터링 가이드

월간 체크포인트

- Flow 지표 변화 추이 확인
- Infrastructure 개발 진행 상황
- 경쟁 지역과의 비교 우위

분기별 재평가

- I&F 점수 재계산
- 통합 매트릭스 위치 변화
- 전략 수정 필요성 검토

연간 전략 리뷰

- 목표 달성도 평가
- 시장 환경 변화 반영
- 포트폴리오 재조정

Chapter 4 마무리.

이제 여러분은 DRIFT의 I(Infrastructure)와 F(Flow) 요소를 완벽하게 활용할 수 있습니다.

단순히 "좋은 집"이 아니라, **여러분의 목적과 상황에 맞는 최적의 선택을 할 수 있는 체계적 판단력을 갖추게 되었어요.**

Infrastructure의 탄탄한 기반과 Flow의 미래 가능성을 종합해서, **10년 후에도 후회하지 않을 부동산 결정을 내리실 수 있을 겁니다.**

Chapter 5. 심리와 숫자

시장을 꿰뚫는 진짜 기준 (Data & Thinking)

섹션 5.1 가격 그래프에 숨겨진 투자 심리(Data)

"숫자는 거짓말을 하지 않아요. 하지만 사람들은 숫자를 제대로 읽지 못해서 계속 잘못된 판단을 하고 있어요."

방송에서 부동산 상담을 하다 보면 시청자들이 가장 많이 하는 질문이 있습니다.

"교수님, 지금 집값이 오를까요, 내릴까요?"

하지만 정작 중요한 건 가격의 방향이 아닙니다. 그 가격과 거래량 뒤에 숨겨진 시장 참여자들의 진짜 마음이에요.

앞서 살펴본 정책(R), 인프라(I), 흐름(F)이 부동산의 '뼈대'라면, 데이터(D)는 '지금 이 순간 시장에서 실제로 일어나고 있는 일'을 보여주는 현미경입니다.

데이터가 말해주는 진실, 사람들이 놓치는 신호

여러분은 아파트 가격 그래프를 볼 때 무엇을 보시나요?

대부분 "올랐네, 내렸네"만 확인하고 끝입니다. 하지만 DRIFT의 D(Data)가 진짜 알려주는 건 그래프의 '모양' 속에 담긴 사람들의 심리예요.

실제 사례를 보겠습니다. 2021년 강남구 아파트 시장의 패턴을 살펴보니 흥미로운 현상이 나타났습니다. 겉보기에는 꾸준한 상승세였지만, 자세히 들여다보니 정책 발표 → 일시적 관망 → 재진입의 패턴이 반복되고 있었어요.

이는 단순한 가격 변동이 아니라 시장 참여자들의 심리적 사이클이 그대로 반영된 것이었습니다.

숫자 뒤에 숨은 사람들의 마음 읽기

부동산 데이터를 제대로 읽으려면 세 개의 층을 동시에 봐야 합니다:

1층: **표면의 숫자** (겉으로 보이는 것)

- 평균 매매가, 전세가, 거래량
- 언론에서 주로 다루는 기본 통계
- "아, 가격이 올랐구나" 수준의 정보

2층: **반복되는 패턴** (규칙성 찾기)

- 계절별 변동, 정책 반응 패턴, 지역별 시차
- "이런 상황에서는 보통 이렇게 되더라" 하는 경험
- 같은 조건에서 반복되는 시장의 습성

3층: **사람들의 심리** (진짜 이유)

- 급등 구간의 탐욕, 급락 구간의 공포
- 거래량과 가격의 관계에서 드러나는 확신의 정도

- "왜 이렇게 움직일까?" 하는 근본적 이유

제가 상담했던 정우진씨(43세, 갈아타기 고민자) 사례가 좋은 예입니다.

2020년 말, 그는 "집값이 너무 올랐으니 곧 떨어질 거다"며 매도를 고민했습니다. 표면적으로는 맞는 판단 같았어요. 하지만 **데이터의 3층**, 즉 **심리층**을 보니 다른 이야기가 보였습니다.

해당 지역의 거래량은 늘었는데 매물 잔여율은 계속 줄어들고 있었어요. 즉, "비싸다고 생각하면서도 사려는 사람이 더 많다"는 신호였죠.

실제로 그 후 6개월간 해당 지역 가격은 15% 더 상승했습니다.

DRIFT Data 분석, 이렇게 하세요

1단계: 기본 데이터 모으기 (5분이면 충분)

- 최근 3년간 가격 변화 (매매, 전세)
- 월별 거래량 움직임
- 매물 잔여율과 신규 공급 예정

어디서 찾나요? 한국부동산원(www.reb.or.kr), 국토교통부 실거래가 사이트에서 무료로 확인 가능합니다.

2단계: 패턴 찾기 (진짜 흐름 파악)

- 정책 발표 전후 시장 반응 확인
- 계절적 요인 빼고 진짜 트렌드 보기

- 비슷한 다른 지역과 비교해서 상대적 위치 파악

3단계: 심리 신호 해독하기 (핵심!)

- 거래량 vs 가격 변동폭으로 시장 확신도 재기
- 매물 나오는 패턴으로 파는 사람들 심리 파악
- 청약 경쟁률, 분양 프리미엄으로 사려는 사람들 마음 확인

데이터로 읽는 시장 심리 신호 5가지

이 패턴들을 알아 두시면 숫자만 봐도 시장 상황이 보입니다:

신호 1: 거래량 ↑ + 가격 조금 ↑

→ "더 오를 것 같은데 확신이 없어서 망설이는 중"

신호 2: 거래량 ↓ + 가격 계속 ↑

→ "비싸지만 어쩔 수 없이 사야 하는 상황"

신호 3: 매물 ↑ + 거래량 ↓

→ "팔고 싶은데 사려는 사람이 없어서 곤란한 중"

신호 4: 신규 분양 잘 팔림 + 기존 매물 안 팔림

→ "새 집은 좋고 헌 집은 별로인 선별적 상황"

신호 5: 전세가 상승률 〉 매매가 상승률

→ "사기는 부담되지만 살 곳은 필요한 현실적 수요"

실전 적용: 나만의 Data 체크리스트

여러분이 관심 있는 지역을 분석할 때 이 다섯 가지만 체크해보세요:

☐ 거래량이 늘었나요, 줄었나요? (최근 6개월 기준)

☐ 가격 상승폭과 거래량 증가 중 어느 쪽이 더 큰 가요?

☐ 매물이 나와도 빨리 팔리나요, 오래 남아있나요?

☐ 전세가와 매매가 상승률 차이는 얼마나 되나요?

☐ 비슷한 다른 지역과 비교했을 때 어느 정도 위치인가요?

이 다섯 가지에 대한 답이 명확해지면, 여러분은 "오른다, 내린다"가 아닌 "왜 오르는지, 언제까지 오를지"를 데이터로 판단할 수 있습니다.

Data가 주는 확신과 한계

하지만 데이터만으로는 완전하지 않아요. 숫자는 과거와 현재는 정확히 알려주지만, 미래는 정책(R), 인프라(I), 흐름(F), 그리고 우리의 냉정한 판단(T)과 함께 해석되어야 합니다.

중요한 건 데이터를 어려워하지 말고 친숙하게 만드는 것입니다. 복잡한 프로그램이 필요한 게 아니에요. 공개 사이트에서 충분히 의미 있는 분석이 가능합니다.

섹션 5.2 언론 헤드라인과 실제 시장의 괴리 (Thinking)

"뉴스는 어제의 이야기를 하고, 시장은 내일의 이야기를 준비하고 있어요."

방송에서 부동산 상담을 하다 보면 시청자들이 가장 많이 하는 말이 있습니다.

"뉴스에서 집값이 떨어진다고 하는데 정말인가요?", "신문에서 지금이 매수 타이밍이라고 하던데요."

하지만 정작 중요한 건 언론이 무엇을 말하느냐가 아니라, 그 말과 실제 시장 사이의 간격을 읽는 능력입니다.

앞서 배운 데이터(D) 분석으로 숫자를 읽을 수 있게 되었다면, 이제 DRIFT의 T(Thinking)를 통해 그 숫자와 정보들을 현명하게 해석하는 힘을 길러야 합니다.

언론과 시장이 다른 시간으로 움직이는 이유

여기 간단한 진실이 있습니다.

- 언론은 '이미 일어난 일'을 보도합니다.
- 부동산 시장은 '앞으로 일어날 일'에 대한 기대로 움직입니다.

이 시간차가 바로 헤드라인과 실제 시장 사이의 괴리를 만드는 핵심 원인이에요.

실제 예를 들어볼게요. 2020년 6-7월 부동산 대책 발표 당시, 대부분 언론이 "시장 혼란" 우려를 제기했습니다. 하지만 그 시점에 강남 일부 지역 매물들은 오히려 '마지막 기회'라는 심리로 더욱 활발하게 거래되고 있었어요.

제가 상담했던 수진씨(37세, 신혼부부) 사례가 대표적입니다. 그때 뉴스만 보고 "시장이 진정되니까 조금 더 기다리자"고 결정했다가, 결국 6개월 후 20% 오른 가격에 집을 샀거든요.

헤드라인에 숨어있는 3가지 함정

뉴스를 볼 때 이 함정들을 알아두시면 속지 않습니다:

함정 1: 시차의 함정 (타이밍이 안 맞아요)

언론 보도: "이번 달 거래량 30% 감소"
실제 의미: 한 달 전 정책 발표의 일시적 관망 효과
체크 포인트: 일시적 현상인가, 구조적 변화인가?

함정 2: 부분의 함정 (전체가 아닌 일부만)

언론 보도: "강남 집값 하락"
실제 의미: 일부 고가 매물의 호가 조정일 뿐, 실거래가는 별개
체크 포인트: 전체를 대표하는 지표인가, 일부 현상인가?

함정 3: 감정의 함정 (객관적 정보 vs 감정적 표현)

언론 보도: "집값 폭등으로 서민 주거 불안 심화"
실제 의미: 정책적 메시지 전달 목적의 표현일 가능성

체크 포인트: 정보 전달인가, 여론 조성인가?

언론과 시장이 엇갈리는 5가지 패턴

지난 20여 년간 관찰한 결과, 언론과 시장 사이에는 일정한 패턴이 있어요:

📈 상승 초기

- **언론**: "불안 요소 많아... 신중한 접근 필요"
- **실제 시장**: 매물 감소, 판매자가 협상력 갖기 시작

📈 상승 중기

- **언론**: "일부 지역 상승세... 선별적 투자"
- **실제 시장**: 거래량 증가, 가격 상승 확산

📈 상승 후기 ⚠️

- **언론**: "투자 기회... 지금이 마지막"
- **실제 시장**: 고점 근처, 신중한 접근 필요한 시점

📉 조정 초기

- **언론**: "일시적 조정... 곧 회복될 것"
- **실제 시장**: 매수 심리 위축, 관망세 증가

📉 조정 중기 ⚠️

- 언론: "하락 본격화… 추가 하락 우려"
- 실제 시장: 바닥 근처, 매수 기회 등장할 수도

뉴스를 DRIFT로 다시 보는 방법

뉴스를 볼 때마다 이 DRIFT 체크리스트를 써보세요:

D(Data) 체크

☐ 보도된 숫자가 전체를 대표하나요?
☐ 비교 기준과 기간이 적절한가요?
☐ 계절적, 일시적 요인이 빠져있지 않나요?

R(Regulation) 체크

☐ 정책 관련 보도라면 실제 시행시기는 언제인가요?
☐ 정책 의도와 실제 시장 영향이 같은 방향인가요?
☐ 후속 조치나 보완책 가능성은 없나요?

I(Infrastructure) & F(Flow) 체크

☐ 해당 지역의 근본적 여건 변화가 반영되었나요?
☐ 단기 변동인가, 중장기 트렌드인가요?
☐ 공급-수요 구조의 실질적 변화가 있나요?

T(Thinking) 체크

☐ 보도 시점과 시장 상황이 일치하나요?
☐ 감정적 표현 뒤의 객관적 사실은 무엇인가요?
☐ 내 상황과 목표에 실제로 도움이 되는 정보인가요?

정보 홍수에서 살아남는 3단계 훈련

1단계: 헤드라인과 본문 분리하기

- 헤드라인은 클릭 유도용, 본문에서 진짜 내용 확인
- 수치가 나온다면 그 근거와 출처 반드시 확인
- "전문가에 따르면"보다는 구체적 데이터에 집중

2단계: 여러 출처로 교차 검증하기

- 같은 사안을 다른 관점에서 본 기사들 비교
- 정부 발표 자료와 언론 해석의 차이점 확인
- 업계 전문지와 일반 언론 사이의 온도차 파악

3단계: 내 기준으로 재해석하기

- 실거주 목적과 투자 목적에 따른 정보 가중치 조정
- 내 지역, 내 주택 유형에 해당하는 정보만 선별
- 단기 변동보다는 중장기 흐름에 집중

실전 사례: "금리 인상 쇼크" 보도의 진실

2023년 상반기를 기억하시나요? 언론들이 "금리 급등으로 부동산 시장 큰 타격"이라고 대대적으로 보도했을 때 말이에요.

하지만 DRIFT로 다시 보니,

- D(Data): 실제 대출금리 상승은 연 0.5%p, 월 상환액 증가는 생각보다 적었음
- R(Regulation): 동시에 LTV, DTI 완화 정책도 시행되어 실질적 대출 여건은 개선
- I&F: 신규 공급 감소로 수급 불균형은 오히려 심화
- T(Thinking): 언론의 "쇼크"와 달리 실제 시장은 선별적 조정 수준

결과는? 서울 강남권 위주로는 하반기에 다시 상승세로 전환되었죠.

정보 과부하 시대의 현명한 대처법

지금은 정보가 부족해서가 아니라 **너무 많아서** 문제인 시대입니다.

중요한 건 더 많은 정보를 모으는 게 아니라, **필요한 정보를 정확히 해석하는 능력**이에요.

언론이 "위험하다"고 할 때와 "기회다"라고 할 때, 둘 다 맹신하지 마세요. 대신 DRIFT의 5가지 요소로 직접 분석해보세요.

그렇게 스스로 판단하는 습관이 쌓이면, 여러분은 더 이상 헤드라인에 휘둘리지 않는 독립적인 **판단력**을 갖게 될 겁니다.

섹션 5.3 데이터를 해석하는 힘, DRIFT 프레임의 완성

"5개의 퍼즐 조각이 맞춰질 때, 비로소 완전한 그림이 보입니다."

지금까지 우리는 DRIFT의 각 요소들을 하나씩 배워왔습니다. 정책을 읽는 눈(R), 입지와 흐름을 보는 안목(I, F), 그리고 데이터와 사고력(D, T)까지.

이제 이 다섯 개의 요소를 하나로 통합하여 완전한 판단 시스템을 만들 차례입니다.

DRIFT 통합의 핵심: 1+1+1+1+1 ≠ 5

많은 분들이 DRIFT를 단순히 다섯 개 항목의 체크리스트로 생각합니다. 하지만 진짜 힘은 5개 요소가 서로 상호작용하며 만들어내는 시너지에 있어요. 마치 오케스트라에서 각 악기가 조화를 이룰 때 아름다운 음악이 탄생하는 것 처럼요.

제가 컨설팅했던 정호씨(45세, 중급 투자자) 사례로 설명해드릴게요. 2022년 말 용산구 한 지역에 투자를 고민하고 있었거든요:

개별 요소로만 본다면:

- D(Data): 최근 6개월 거래량 감소, 가격 보합세 → ✗ 부정적
- R(Regulation): 대출 규제 강화 → ✗ 부정적
- I(Infrastructure): 지하철 신설 예정 → ✅ 긍정적
- F(Flow): 주변 재개발 활발 → ✅ 긍정적

- T(Thinking): 시장 심리 위축 → ✕ 부정적

5개 중 3개가 부정적이니 "투자하지 말자"고 결론 낼 뻔했어요.

하지만 DRIFT 통합 분석으로 보니,

정책 규제(R)로 인한 일시적 거래량 감소(D)가 오히려 **진짜 수요만 남겨 놓는 상황**을 만들고 있었습니다. 동시에 인프라 개발(I)과 주변 재개발(F)이 중장기 가치 상승 요인으로 작용하면서, 현재의 부정적 심리(T)는 매수 기회가 되고 있었던 거죠.

결과? 1년 후 해당 지역은 15% 상승했고, 정호씨는 만족스러운 수익을 얻었습니다.

DRIFT 통합 분석 3단계 프로세스

1단계: 개별 요소 점검하기 (각각 따로 보기)

먼저 각 요소를 간단하게 점검해보세요. 복잡하게 생각하지 마시고, 3점 척도로만 평가하면 됩니다:

D(Data) - 숫자가 말해주는 것

☐ 거래량이 늘고 있나요? (늘어남 +1, 비슷 0, 줄어듦 -1)
☐ 주변 대비 가격이 적정한가요? (저평가 +1, 적정 0, 고평가 -1)
☐ 매물과 수요의 균형은? (수요많음 +1, 균형 0, 매물많음 -1)

R(Regulation) - 정책이 미치는 영향

☐ 해당 지역 관련 정책 방향은? (호재 +1, 중립 0, 악재 -1)
☐ 앞으로 정책 변화 예상은? (개선 +1, 유지 0, 악화 -1)
☐ 대출·세금 조건은? (유리 +1, 보통 0, 불리 -1)

I(Infrastructure) - 입지의 기본기

☐ 교통 편의성은? (편리 +1, 보통 0, 불편 -1)
☐ 생활 인프라는? (충분 +1, 보통 0, 부족 -1)
☐ 미래 개발 계획은? (있음 +1, 미정 0, 없음 -1)

F(Flow) - 사람과 돈의 흐름

☐ 이 지역으로 사람들이 오고 있나요? (유입 +1, 균형 0, 유출 -1)
☐ 공급 대비 수요는? (수요많음 +1, 균형 0, 공급많음 -1)
☐ 주변 개발이 도움이 되나요? (도움 +1, 무관 0, 방해 -1)

T(Thinking) - 현명한 판단

☐ 현재 시장 분위기는? (낙관적 +1, 중립 0, 비관적 -1)
☐ 언론과 실제 시장이 일치하나요? (과소평가 +1, 일치 0, 과대평가 -1)
☐ 내 목적에 맞나요? (잘맞음 +1, 보통 0, 안맞음 -1)

2단계: 상호작용 효과 찾기 (서로 어떻게 영향을 주나요?)

이제 5개 요소가 어떻게 서로 도움을 주거나 방해하는지 보세요:

🔥 강화 효과 (서로 도와주는 경우)

- R(정책 호재) + I(인프라 개선) = 가치 상승 가속화

- D(수요 증가) + F(공급 부족) = 가격 상승 압력 증대
- I(입지 좋음) + F(유입 많음) = 지역 프리미엄 확대

⚖️ **상쇄 효과 (서로 상반되는 경우)**

- R(규제 강화) vs F(실수요 증가) = 단기 조정 후 회복
- T(심리 위축) vs D(기본기 좋음) = 일시적 기회 창출
- D(가격 상승) vs T(부담감) = 상승세 둔화 신호

⏰ **시간차 효과 (나중에 나타나는 경우)**

- I(인프라 계획) → F(유입 증가) → D(거래 활성화) *(6개월~2년)*
- R(정책 발표) → T(심리 변화) → D(시장 반응) *(1~3개월)*

3단계: 종합 판단하기 (최종 결정)

간단한 DRIFT 스코어 계산법:

1. 각 요소별 점수를 더하세요 (총 -15점 ~ +15점)
2. 강화 효과가 많으면 +2점, 상쇄 효과가 많으면 -2점
3. 최종 점수로 판단하세요

판단 기준:

- +8점 이상: 적극 추천! 좋은 기회예요
- +4~7점: 신중하게 고려해볼만 해요

- +1~3점: 조건을 더 따져보세요
- 0점: 지켜보세요
- 마이너스: 다른 곳을 알아보세요

실전 DRIFT 분석 워크시트

실제로 사용할 수 있는 간단한 워크시트입니다.

📍 분석 대상: _____   📅 분석 일자: _____

🔍 1단계: 개별 점검 (각 -3 ~ +3점)

- D(Data): ___점 (*거래량*___ + *가격적정성*___ + *수급균형*___)

- R(Regulation): ___점 (*지역정책*___ + *향후변화*___ + *대출세제*___)

- I(Infrastructure): ___점 (*교통*___ + *생활편의*___ + *개발계획*___)

- F(Flow): ___점 (*인구이동*___ + *공급수요*___ + *주변개발*___)

- T(Thinking): ___점 (*시장분위기*___ + *언론괴리*___ + *목적부합*___)

🔄 2단계: 상호작용 (+2 또는 -2점)

- **강화 효과**: ☐ 있음(+2) ☐ 없음(0)

- **상쇄 효과**: ☐ 있음(-2) ☐ 없음(0)

📊 3단계: 최종 판단

- **기본 점수**: ___/15점

- **상호작용**: ___점

- **최종 DRIFT 점수**: ___점

- **결정**: ☐ 적극추천 ☐ 신중고려 ☐ 조건검토 ☐ 관망 ☐ 제외

Chapter 5 마무리. DRIFT 마스터가 되는 3가지 원칙

원칙 1: 완벽함보다는 균형

DRIFT에서 모든 요소가 완벽할 필요는 없어요. 일부 약점이 있어도 전체적으로 균형만 맞으면 좋은 선택이 될 수 있습니다.

원칙 2: 목적에 따라 가중치 조정

- 내 집 마련: I(입지) 비중 ↑
- 단기 투자: F(흐름) + T(심리) 비중 ↑
- 장기 투자: R(정책) + I(입지) 비중 ↑

원칙 3: 일관성이 정답보다 중요

DRIFT 분석에 절대적 정답은 없어요. 하지만 같은 기준으로 **꾸준히 분석하는 습관**이 여러분을 성공으로 이끌어줄 겁니다.

이제 DRIFT로 시장이 달라 보일 겁니다

축하합니다! 여러분은 이제 DRIFT 통합 분석 시스템을 완전히 마스터했습니다. 더 이상 "전문가가 어떻게 말했는지", "뉴스에서 뭐라고 했는지"에 의존하지 않아도 돼요. 앞으로 부동산을 볼 때마다 자연스럽게 D-R-I-F-T가 떠오를 거고, 복잡해 보였던 시장이 놀랍도록 명확하게 보이기 시작할 거예요.

PART 3. 기준의 실전

-내 집 마련과 갈아타기 판단 훈련-

실제 사례를 통한 DRIFT 프레임워크

적용 훈련과 실전 스킬 개발

Chapter 6. 생애 첫 내 집, 기준부터 다르다

섹션 6.1 '실거주'의 진짜 의미

투자와 실거주, 무엇이 다른가?

"교수님, 어차피 집은 집인데 실거주용이랑 투자용이 뭐가 달라요?"

지난 20여 년간 방송을 하면서 가장 많이 받는 질문입니다. 특히 생애 첫 내 집을 준비하는 분들이거든요. 솔직히 말씀드릴게요. 실거주는 투자가 아닙니다.

아, 물론 집도 자산이고 가치도 변하죠. 하지만 실거주용 주택 선택 기준은 투자와 180도 달라야 해요. 왜냐하면 실거주의 진짜 목적은 '잘 살기 위해서'거든요.

많은 분들이 첫 집을 고를 때 이런 고민부터 하세요.

- "나중에 비싸게 팔 수 있을까?"
- "이 집 값이 오를까?"
- "투자가치는 어떨까?"

틀린 생각은 아니에요. 하지만 이것만 생각하다 보면 정작 중요한 걸 놓쳐요. 매일 아침 일어나서 "아, 이 집에 살길 잘했다"라는 마음이 드는지 말이에요.

DRIFT로 보는 실거주의 기준

실거주용 주택을 고를 때도 DRIFT 프레임워크를 쓰지만, 접근법이 완전히 달라요. 같은 렌즈로 보되, 초점을 다르게 맞추는 거죠.

D(Data): 내 가계가 가장 중요한 데이터

투자용 부동산에서는 수익률, 시세 상승률이 핵심 데이터죠. 하지만 실거주에서는 **내 통장 잔고와 월급명세서**가 가장 중요한 데이터예요.

"9억 아파트를 대출 7억으로 산다면?"

- 월 상환액: 약 280만 원
- 관리비: 약 20만 원
- 재산세: 연 150만 원

이런 현실적인 계산부터 해보세요. 아무리 좋은 집이라도 매달 허리 휘는 상환액 때문에 라면만 먹고 산다면, 그게 좋은 선택일까요?

실거주 Data 핵심 체크포인트:

- 월 소득 대비 대출 상환액: 30% 이하 권장
- 주거비(상환액+관리비+세금) 총 비중: 40% 이하 권장
- 비상자금: 최소 6개월치 생활비 확보 가능한지

R(Regulation): 실수요자만의 특권 최대 활용

정책에는 진짜 집이 필요한 사람들을 위한 혜택이 많아요. 신혼부부 특

별공급, 생애최초 대출, 취득세 감면 등등. 투자자들은 못 받는 혜택들이죠.

"정책은 자주 바뀌잖아요." 맞아요. 하지만 **실수요자를 돕겠다는 기본 방향**은 어느 정부든 유지해요. 왜냐하면 진짜 집이 필요한 사람들이거든요.

놓치기 쉬운 혜택들,

- 신혼부부/생애최초 특별공급 (당첨 확률 높음)
- 대출 금리 우대 (0.2-0.5%p 차이도 큰 돈)
- 취득세 감면 (수백만 원 절약 가능)

I(Infrastructure): 지금 당장 편한 게 최고

투자용에서는 "3년 후 지하철 들어온다"는 미래 호재에 주목해요. 하지만 실거주에서는 **오늘 당장 편한지**가 더 중요해요.

실거주 인프라 우선순위:

1. **출퇴근 편의성**: 1시간 이내, 환승 최소화
2. **생활 편의시설**: 마트, 병원, 은행 도보 15분 이내
3. **교육 환경**: 현재 아이가 있거나 계획이 있다면
4. **여가/문화**: 공원, 산책로, 문화시설 접근성

10년 후 지하철 개통 호재보다, 지금 당장 버스 한 번으로 직장 갈 수 있는 곳이 실거주에는 훨씬 가치 있어요.

F(Flow): 안정성이 수익성보다 중요

시장 흐름을 볼 때도 관점이 달라요. 급등하는 지역보다는 **꾸준히 안정적인 곳**이 실거주에는 더 좋아요.

실거주 Flow 체크포인트:

- 최근 3년간 가격 변동폭: 20% 이내가 안정적
- 전세 수요: 꾸준한 지 (나중에 전세 놓기도 고려)
- 인구 유·출입: 급격한 변화 없이 안정적인지

"재개발 소문 도는 곳인데..." 이런 기대보다는, "여기는 계속 살기 좋을 것 같은데"라는 판단이 실거주에는 더 적절해요.

T(Thinking): 단 하나의 질문만 기억하세요

실거주에서의 심리는 복잡하지 않아요. "**내가 이 집에서 행복할까?**" 이게 전부예요.

- 아침에 일어나서 창밖 보는 기분
- 퇴근 후 현관문 여는 순간의 편안함
- 주말에 동네 산책하는 즐거움
- 친구들 초대했을 때의 뿌듯함

이런 건 돈으로 계산할 수 없지만, 실거주에서는 가장 중요한 가치들이에요.

실거주 성공 사례: 박씨 부부의 현명한 선택

신혼 1년차 박씨 부부, 8억 예산으로 첫 집을 알아보고 있었어요. 처음엔 "투자가치"에 꽂혀서 재개발 소문 도는 낡은 아파트나 신축인데 접근성 떨어지는 곳만 봤죠.

그런데 DRIFT 실거주 기준으로 다시 정리하니까 답이 보였어요.

D(Data) 꼼꼼히 계산

- 월 합산 소득: 900만 원
- 6억 4천만 원 대출 시 월 상환액: 약 250만 원
- 소득 대비 28% → 안전한 수준 ✓

R(Regulation) 혜택 총동원

- 신혼부부 특별공급 1순위 자격 확인 ✓
- 생애최초 대출 0.2%p 금리 우대 적용 ✓
- 신혼부부 취득세 감면으로 200만 원 절약 ✓

I(Infrastructure) 생활 편의성 중심

- 남편 직장까지 지하철 40분 (환승 1회) ✓
- 대형마트, 병원, 은행 도보 10분 이내 ✓
- 어린이집, 초등학교 접근성 양호 ✓

F(Flow) 안정성 확인

- 3년간 가격 변동: 10% 이내로 안정적 ✓
- 전세 수요 꾸준함 ✓
- 젊은 층 계속 유입되는 지역 ✓

T(Thinking) 마음의 소리

- 조용한 주거환경, 남향, 적절한 평수(32평) ✓
- "여기서 아이 키우고 싶다"는 마음 ✓

결과? 박씨 부부는 "투자가치"를 과감히 포기하고 "살기 좋은 집"을 택했어요. 2년 지난 지금 이렇게 말해요.

"집값이 엄청 오르지는 않았지만, 매일 집 가는 게 즐거워요. 친구들도 우리 집 오는 걸 좋아하고요. 이게 진짜 실거주 아닌가요?"

실거주 vs 투자, 한눈에 보는 기준표

구분	실거주 기준	투자 기준
최우선 가치	생활 편의성	수익성
Data 관점	가계 안정성	수익률 분석
Regulation	실수요자 혜택 활용	세금 최적화
Infrastructure	현재 편의성	미래 개발호재
Flow	가격 안정성	상승 잠재력
Thinking	생활 만족도	투자 수익률

실거주 집 고르기 3단계 체크

실거주용 주택 고를 때는 이 순서로 접근해보세요.

1단계: 내 상황 정리 (D + T)

☐ 현재 소득과 안전한 대출 한도 파악

☐ 3-5년 계획 (결혼, 출산, 이직, 승진) 고려

☐ 원하는 라이프스타일 구체화

☐ 절대 포기 못할 조건 vs 타협 가능한 조건 정리

2단계: 정책 혜택 총 점검 (R)

☐ 특별공급 자격 여부 확인

☐ 대출 우대 혜택 조사

☐ 세금 감면 혜택 계산

☐ 정부 지원 프로그램 활용 방안 검토

3단계: 생활권 및 시장 분석 (I + F)

☐ 직장-집-가족 동선 최적화 확인

☐ 필수 생활시설 접근성 점검

☐ 지역 가격 안정성 조사

☐ 5년 후에도 만족할지 상상해보기

실거주의 진짜 의미를 기억하세요

생애 첫 내 집은 단순한 "자산"이 아니에요. **여러분 인생의 베이스캠프예요.** 매일 아침 일어나는 곳, 힘들 때 돌아와 쉬는 곳, 소중한 사람들과 추억 쌓는 곳이죠.

물론 자산가치도 중요해요. 하지만 그보다 더 중요한 건 **"이 집에서 정말 행복할 수 있나?"**예요.

DRIFT로 냉정하게 분석하되, 마지막 결정은 여러분 마음이 따뜻해지는 곳으로 하세요. "투자 관점에서는 어떨까?"보다 "우리 가족이 여기서 행복할까?"가 실거주에서는 훨씬 중요한 질문이거든요.

집은 단순히 사는 곳이 아니라, **삶이 시작되는 곳**이니까요.

실거주의 진짜 의미를 이해했으니, 이제 구체적으로 어떤 입지가 내게 맞는지 DRIFT 프레임워크로 분석해보겠습니다.

섹션 6.2 입지를 보는 눈, 흐름을 읽는 법 (DRIFT 적용)

"좋은 입지"라는 착각부터 버리세요

"교수님, 좋은 입지가 뭔가요? 강남이 좋은 입지 아닌가요?"

이런 질문을 받을 때마다 저는 되묻습니다. "누구에게 좋은 입지인가요?"

입지에는 절대적 기준이 없어요. 직장인에게 좋은 입지와 자영업자에게 좋은 입지가 다르고, 신혼부부와 은퇴 준비자에게 좋은 입지가 달라요.

특히 실거주에서는 "비싼 동네 = 좋은 입지"가 전혀 맞지 않아요. 월 600만 원 버는 신혼부부에게 강남 아파트가 좋은 입지일까요? 아무리 좋은 곳이라도 감당 못 하면 독이 되는 입지예요.

진짜 좋은 입지는 "내게 딱 맞는 입지"입니다. 앞서 6.1에서 설명한 DRIFT 프레임워크로 보면 여러분만의 최적 입지를 찾을 수 있어요.

DRIFT로 입지 해부하기

앞서 6.1에서 설명한 DRIFT 프레임워크 중에서, 입지 분석에 핵심이 되는 **I(Infrastructure)**와 F(Flow) 요소를 실전에서 어떻게 활용하는지 자세히 알아보겠습니다.

I(Infrastructure): 생활의 하드웨어를 점검하세요

입지 분석의 기본은 Infrastructure예요. 하지만 단순히 "지하철역 가깝다", "학교 좋다"를 넘어서야 해요.

교통 인프라: 거리보다 편의성이 핵심

"지하철역까지 도보 5분"이라는 광고, 많이 보시죠? 하지만 중요한 건 거리가 아니라 **실제 이용 편의성**이에요.

DRIFT 교통 체크포인트:

- 내 직장까지 실제 소요 시간 (환승 시간 포함)
- 출퇴근 시간 배차 간격과 혼잡도
- 자가용 이용 시 주차 편의성
- 심야나 응급 상황 택시 접근성

예를 들어볼게요. 지하철역이 코앞에 있어도 출근 시간에 2-3대씩 기다려야 한다면? 실제 이용 가치는 떨어져요. 반대로 버스 정류장이 조금 멀어도 배차가 자주 있고 직장까지 바로 간다면 더 좋은 교통 인프라죠.

생활 인프라. 패턴을 고려하세요

마트, 병원, 은행... 당연히 있어야 할 시설들이죠. 하지만 **실제 이용 패턴**까지 고려해야 해요.

실생활 편의성 체크법:

- **대형마트**: 주말 주차 가능한지, 카트 끌고 가기 편한 지
- **병원**: 응급실 있는지, 내가 필요한 전문과목 있는 지
- **금융기관**: ATM 24시간 되는지, 수수료 괜찮은 지
- **공공시설**: 주민센터, 우체국 업무 보기 편한 지

제가 컨설팅한 한 가족 이야기예요. 처음엔 "대형마트 5분 거리"에 만족했는데, 막상 살아보니 주말마다 주차 때문에 30분씩 기다려야 했어요. 결국 조금 멀어도 주차 편한 다른 마트를 쓰게 되더라고요.

교육 인프라. 학군을 넘어 환경을 보세요

"8학군이니까 좋다"는 생각도 위험해요. 실거주에서는 **아이의 실제 환경**이 더 중요해요.

교육 환경 실전 체크:

- 통학 안전하고 멀지 않은 지
- 학원가 접근성과 선택권
- 놀이터, 도서관 같은 여가 시설
- 아이 친구들 사는 곳과 가까운 지

F(Flow). 생활의 소프트웨어를 읽으세요

Infrastructure가 하드웨어라면, Flow는 소프트웨어예요. 같은 시설이라도 어떻게 쓰이고 있는지, 앞으로 어떻게 변할지 읽는 눈이 필요해요.

유동인구 흐름. 동네의 생명력을 보세요

"이 동네 사람들이 어디로 가고, 어디서 올까?"를 관찰해보세요. 그 지역의 진짜 활력이 보여요.

Flow 관찰 포인트:

- 출퇴근 시간 사람들이 어느 방향으로 가는지
- 주말과 평일 상권 활기 차이
- 새 가게 생기는 속도 vs 문 닫는 속도
- 주민들이 실제로 어떤 동선으로 사는지

어떤 지역은 평일엔 조용하다가 주말만 되면 외부 방문객으로 북적여요. 투자 관점으론 좋을 수 있지만, 실거주로는 주말마다 불편함을 감수해야 하죠.

세대 구성 흐름. 동네의 미래를 예측하세요

동네 세대 구성을 보면 그 지역의 미래가 보여요.

세대 분석 체크법:

- 신혼부부가 많이 이사 오는지
- 아이들이 늘고 있는지 줄고 있는지
- 고령화가 빠르게 진행되는지
- 1인 가구 비중이 어떻게 변하는지

신혼부부가 많이 오는 동네는 앞으로 어린이 시설이 늘어날 가능성이 높아요. 반대로 고령화가 빠른 곳은 상권 활력에 한계가 있을 수 있고요.

실전 사례: 정우진씨의 똑똑한 입지 선택

43세 정우진씨는 구로구에서 아이 교육을 위해 양천구로 이사를 고려했어요. DRIFT로 어떻게 분석했는지 보실래요?

후보지 비교 분석

목동 대단지 아파트

- I(Infrastructure): 지하철 5호선 10분, 최고급 교육 인프라, 완벽한 생활 편의시설
- F(Flow): 출퇴근 혼잡, 교육 경쟁 치열, 안정된 기존 커뮤니티

신정동 중소형 아파트

- I(Infrastructure): 지하철 2호선 7분, 목동 학원가 활용 가능, 기본 시설 충분
- F(Flow): 강남 직결 편의성, 여유로운 교육 분위기, 젊은 층 유입 증가

DRIFT 종합 판단

D(Data): 신정동이 예산 대비 조건 더 유리
R(Regulation): 두 지역 모두 비슷한 정책 영향
T(Thinking): 가족 의견 수렴 결과 신정동 선호

최종 결정: 신정동 선택

이유: Infrastructure는 목동이 약간 우세했지만, 예산 대비 효율성과 Flow 분석에서 신정동의 장기 잠재력이 더 높다고 판단. 특히 2호선 강남 접근성과 목동 학원가 활용 가능성이 결정적이었어요.

6개월 후: "목동만큼 완벽하지는 않지만, 아이가 목동 학원 다닐 수 있고 출퇴근도 편해서 만족해요. 교육비 부담도 생각보다 적고요."

바로 써먹는 입지 분석 체크리스트

DRIFT 입지 분석을 체계적으로 하려면 이 체크리스트를 활용해보세요.

Infrastructure 핵심 체크 (가중치 75%)

🚇 교통 편의성 (30점)

☐ 주요 목적지까지 실제 이동 시간 측정했는가?
☐ 출퇴근 시간 대중교통 혼잡도는 견딜 만한가?
☐ 자가용 주차 편의성은 어떤가?
☐ 심야/응급상황 택시 접근성은 괜찮은가?

🏢 생활 편의성 (25점)

☐ 장보기, 병원, 은행 등 실제 이용 편의성 확인했는가?
☐ 아이 있다면 놀이시설, 학원 접근성 체크했는가?
☐ 문화/체육시설 다양성은 충분한가?

🏫 교육 환경 (20점)

☐ 통학 안전성과 거리는 적당한가?
☐ 교육시설 질적 수준은 기대에 맞는가?
☐ 아이 친구들과 지리적으로 가까운가?

Flow 핵심 체크 (가중치 25%)

👥 인구 흐름 (15점)

☐ 내 또래, 비슷한 가족 구성이 늘고 있는가?
☐ 유동인구 패턴이 활기차고 안정적인가?
☐ 세대 구성 변화가 긍정적 방향인가?

🏬 상권 흐름 (10점)

☐ 새 가게 생기는 속도가 적당한가?
☐ 프랜차이즈와 개인 상점 균형이 좋은가?
☐ 상권이 지속 가능해 보이는가?

입지 함정을 피하는 3가지 철칙

지난 20여 년간 수많은 입지 분석을 해보면서 발견한 공통 함정들이 있어요. 이 3가지만 기억해도 큰 실수는 피할 수 있어요.

철칙 1: 현재 70%, 미래 30%

"10년 후 지하철 들어와요", "재개발 예정이에요"... 이런 미래 호재에만 의존하면 위험해요. **현재 상황으로도 충분히 살 만한 곳인지가 먼저예요.**

철칙 2: 숫자보다 체감을 믿어라

"역까지 5분"이라는 숫자보다, 실제 걸어보고 느끼는 체감이 더 정확해요. 평일과 주말, 낮과 밤에 각각 한 번씩은 직접 가봐야 해요.

철칙 3: 내 기준 vs 남의 기준

"다들 강남이 좋다는데..."라는 생각은 버리세요. 내 상황, 내 가족, 내 라이프스타일에 맞는 입지가 최고의 입지예요.

Flow가 말해주는 입지의 진실

Infrastructure는 눈에 보이지만, Flow는 보이지 않아요. 하지만 **진짜 중요한 건 보이지 않는 Flow예요.**

아무리 좋은 Infrastructure가 있어도 사람들이 떠나는 동네라면 의미없어요. 반대로 Infrastructure가 조금 부족해도 사람들이 모이고 활기 넘치는 동네라면 미래가 밝아요.

"이 동네에 사람들이 계속 살고 싶어 할까? 새로운 사람들이 이사 오고 싶어 할까?"

이 질문의 답이 Flow이고, 이게 입지의 진짜 가치를 결정해요.

DRIFT 입지 분석은 복잡해 보이지만, 결국 "내가 여기서 행복하게 살 수 있을까?"라는 질문에 체계적으로 답하는 방법이에요. Infrastructure로 편의성을 확인하고, Flow로 지속가능성을 점검하면, 여러분만의 최적 입지를 찾을 수 있어요.

입지 분석이 끝났다면, 이제 가장 현실적인 문제와 만나야 합니다. 바로 예산과 우선순위 설정이죠.

섹션 6.3 예산과 대출, 조건에 맞는 우선순위 정하기

현실과 이상의 간격을 줄이는 법

"교수님, 다 좋은 건 알겠는데… 돈이 문제예요."

가장 솔직하고 현실적인 고민이죠. 아무리 완벽한 입지 분석을 해도, 예산이 안 맞으면 그림의 떡이에요.

하지만 여기서 중요한 건, **예산 부족이 포기의 이유가 되면 안 된다는** 점이에요.

지난 20여 년간 컨설팅하면서 발견한 사실이 있어요. 성공적으로 내 집을 마련한 사람들은 "돈이 충분해서" 성공한 게 아니라, "**우선순위를 명확히 했기 때문에**" 성공했어요.

모든 조건을 다 만족시킬 수는 없어요. 하지만 **내게 정말 중요한 것부터 차례로 만족시켜 나갈 수는 있어요.** 앞서 설명한 DRIFT 프레임워크의 D(Data) 요소가 바로 이런 현실적 판단의 기준이 되어줍니다.

DRIFT의 D(Data): 냉정한 숫자로 보는 내 현실

진짜 예산 계산법: 대출 가능 금액 ≠ 내 예산

많은 분들이 착각하는 게 "대출 가능 금액 = 내 예산"이라는 생각이에요. 이건 위험한 발상입니다.

진짜 예산 3단계 계산:

1단계: 월 소득의 30% 룰

- 월 소득 1,000만 원 → 주택 관련 지출 300만 원 이하
- 여기에는 대출 상환, 관리비, 세금, 수선비 모두 포함

2단계: 비상자금 확보 원칙

- 최소 6개월치 생활비는 별도 보관
- 집 사고 나서 통장이 텅 비면 안 돼요

3단계: 미래 변화 고려

- 결혼, 출산, 이직 등 예상 변화 요인
- 소득 증가보다는 지출 증가를 더 보수적으로 계산

실제 사례로 보는 현실적 계산.

김씨 부부 (남편 연봉 8,000만 원, 아내 연봉 5,000만 원)

- 월 합산 소득: 약 1,000만 원 (세후)
- 주택 관련 예산: 300만 원 이내
- 6억 3,000만 원 대출 시 월 상환액: 약 250만 원
- 관리비 + 세금 + 기타: 약 50만 원
- 총 주택비: 300만 원 (예산 한도 내)
- 비상자금: 별도 3,000만 원 확보

→ 적정 주택 가격: 9억~9억 5,000만 원

똑똑한 대출 전략: 어떻게 빌리느냐가 관건

대출은 "얼마나 빌릴 수 있나"가 아니라 "어떻게 빌려야 유리한가"를 고려해야 해요.

생애최초 vs 일반 대출 효과 비교

9억 원 주택, 6억 3,000만 원 대출 기준

- **일반 대출**: 월 상환액 약 265만 원
- **생애최초**: 월 상환액 약 250만 원
- **절약 효과**: 월 15만 원, 연 180만 원!

주택담보 + 전세자금 조합 전략

- 주담대 6억 3,000만 원 + 전세자금 9,000만 원 조합
- 월 상환액을 230만 원까지 줄일 수 있음
- 관리가 복잡하지만 초기 부담 대폭 경감

우선순위 매트릭스: DRIFT로 현명한 선택하기

예산이 정해지면, 이제 어떤 조건을 우선할지 결정해야 해요.

내 상황별 DRIFT 가중치 설정

신혼부부 수진씨 타입

- D(예산): 40% - 예산 내 구매가 최우선

- I(생활편의): 30% - 신혼 생활 편의성 중요
- F(안정성): 15% - 미래보다 현재 안정성
- R(정책혜택): 10% - 신혼부부 혜택 활용
- T(감정): 5% - 객관적 판단 우선

갈아타기 정우진씨 타입

- I(생활환경): 35% - 더 나은 환경이 목적
- D(예산): 25% - 기존 주택 처분 후 예산 고려
- F(장기성): 20% - 오래 살 곳이라 안정성 중요
- T(만족도): 15% - 가족 만족도 고려
- R(정책): 5% - 정책 영향 제한적

3단계 우선순위 결정법

1단계: 절대 조건 (Must Have) *포기할 수 없는 최소 조건*

☐ 월 소득 대비 주택비 30% 이하
☐ 비상자금 6개월치 확보
☐ 직장까지 통근 1시간 이내
☐ 기본 생활 인프라 접근 가능

2단계: 우선 조건 (Should Have) *있으면 좋지만 꼭 필요하지는 않은 조건*

- ☐ 지하철역 도보 10분 이내
- ☐ 대형마트 차량 10분 이내
- ☐ 선호하는 방향(남향/남동향)
- ☐ 적절한 층수와 주차 편의성

3단계: 희망 조건 (Nice to Have) 있으면 더욱 좋지만 없어도 괜찮은 조건

- ☐ 한강뷰, 산뷰 등 조망권
- ☐ 브랜드 아파트 선호도
- ☐ 단지 내 부대시설
- ☐ 완벽한 교육 환경

실전 사례: 예산 9억으로 최적 선택하기

실제 컨설팅 사례를 통해 우선순위 설정 과정을 보여드릴게요.

배경 정보

- 가족: 신혼부부 + 1년 내 출산 계획
- 예산: 총 9억 원 (자기자본 1억 8,000만 원 + 대출 7억 2,000만 원)
- 직장: 남편 강남, 아내 여의도
- 현재: 월세 150만 원

후보 매물 DRIFT 분석

후보지 1: 목동 84㎡ (11억 5,000만 원)

- D: ⭐⭐☆☆☆ (예산 2억 5,000만 원 초과)
- R: ⭐⭐☆☆☆ (특별공급 불가)
- I: ⭐⭐⭐⭐⭐ (교통 편리, 완벽한 인프라)
- F: ⭐⭐⭐⭐☆ (안정적 시세)
- T: ⭐⭐⭐⭐⭐ (넓은 평수, 높은 만족도)
- **종합**: 76점 (예산 초과로 제외)

후보지 2: 등촌동 74㎡ (8억 4,000만 원)

- D: ⭐⭐⭐⭐⭐ (예산 여유, 월 270만 원)
- R: ⭐⭐⭐⭐☆ (생애최초 혜택)
- I: ⭐⭐⭐☆☆ (9호선 직결, 인프라 보통)
- F: ⭐⭐⭐⭐☆ (젊은 층 유입, 상승 잠재력)
- T: ⭐⭐⭐⭐☆ (적정 평수, 신축)
- **종합**: 87점

후보지 3: 화곡동 78㎡ (8억 8,500만 원)

- D: ⭐⭐⭐⭐☆ (예산 약간 여유, 월 285만 원)
- R: ⭐⭐⭐⭐⭐ (생애최초 + 신혼부부 특공)

- I: ★★★★☆ (5호선, 교육 인프라 우수)
- F: ★★☆☆☆ (재개발 불확실, 공급 과잉)
- T: ★★★★☆ (교육 환경, 단지 규모)
- 종합: 86점

최종 선택: 등촌동!

결정 이유:

1. **예산 적합성**: 월 30만 원 절약으로 육아 준비금 확보
2. **교통 우수성**: 9호선 직결로 부부 모두 출퇴근 편리
3. **정책 혜택**: 생애최초 금리 우대로 총 1,500만 원 이자 절약
4. **미래 안정성**: 젊은 세대 유입으로 커뮤니티 활성화 기대

6개월 후 평가: "처음엔 평수가 작아서 걱정했는데, 실제 살아보니 관리하기도 편하고 교통이 이렇게 중요한 줄 몰랐어요. 절약된 돈으로 아이 용품도 넉넉히 준비할 수 있어서 좋아요."

예산별 맞춤 전략 가이드

6억대 예산: 효율성 극대화 전략

핵심: 작더라도 확실한 자산 확보

- 구축 아파트 중심 접근

- 생활 인프라 우선, 브랜드 포기
- 전세자금대출 적극 활용
- 추천 지역: 구로, 금천, 도봉, 노원

9억대 예산: 균형 잡힌 선택 전략

핵심: 실거주 만족도와 자산성 조화

- 신축과 구축 모두 검토
- 교통과 생활 인프라 균형 고려
- 생애최초 혜택 최대 활용
- 추천 지역: 강서, 양천, 은평, 성북

12억 이상: 완성도 추구 전략

핵심: 장기 거주 만족도 우선

- 브랜드와 단지 여건 고려
- 교육 인프라와 미래 가치 고려
- 갈아타기 전략까지 설계
- 추천 지역: 마포, 영등포, 송파, 강동

피해야 할 3가지 함정과 해결책

함정 1. "완벽한 집" 찾기 욕심

문제: 모든 조건을 만족하는 집을 찾다가 기회 놓침
해결: 80% 만족하면 결정하라

함정 2. 남의 기준을 내 기준으로 착각

문제: "다들 강남이 좋다는데..."라는 외부 기준에 휘둘림
해결: 내 DRIFT 우선순위에 충실하라

함정 3. 단기 손익에만 집중

문제: 당장 월 부담만 생각하고 장기 안정성 무시
해결: 5년 후까지 고려한 시뮬레이션

계약 전 마지막 체크리스트

집을 계약하기 전, 이 질문들에 답해보세요.

예산 안정성 최종 확인

- ☐ 월 상환액이 월 소득의 30% 이하인가?
- ☐ 비상자금 6개월치가 별도 확보되는가?
- ☐ 향후 3년간 소득/지출 변화를 고려했는가?

우선순위 만족도 확인

- ☐ 절대 조건은 모두 충족하는가?
- ☐ 우선 조건 중 70% 이상 만족하는가?
- ☐ 가족 모두가 납득할 수 있는 선택인가?

장기적 관점 확인

- ☐ 5년 후에도 이 선택에 만족할까?
- ☐ 갈아타기 시 처분 가능성은 어떨까?
- ☐ 예상치 못한 변수가 생겨도 감당 가능할까?

예산 제약 속에서 찾는 행복

한정된 예산으로 완벽한 집을 찾을 수는 없어요. 하지만 내게 맞는 **최적의 집**은 분명히 찾을 수 있어요.

중요한 건 "이 정도 예산으로는 이 정도밖에..."라는 아쉬움이 아니라, "이 예산으로 이만한 집을 구했다니!"라는 만족감이에요.

DRIFT 프레임워크로 우선순위를 명확히 하고, 예산 범위 내에서 가장 중요한 조건들을 만족하는 선택을 하세요.

첫 집은 평생 살 집이 아니에요. **행복한 시작을 위한 집**이에요. 여기서 쌓은 경험과 자산을 바탕으로 더 나은 다음 단계로 나아갈 수 있어요.

DRIFT 실거주 종합 체크시트

마지막으로, 지금까지 학습한 내용을 바탕으로 실제 매물을 평가할 때 사용할 수 있는 종합 체크시트를 제공합니다.

📋 내 집 마련 DRIFT 최종 점검표

D(Data) - 예산 안정성 (25점)

- ☐ 월 상환액이 월 소득의 30% 이하 (5점)
- ☐ 비상자금 6개월치 별도 확보 (5점)
- ☐ 향후 3년 소득/지출 변화 고려 (5점)
- ☐ 대출 조건과 혜택 최적 활용 (5점)
- ☐ 총 주택 관련 비용 적정성 (5점)

R(Regulation) - 정책 혜택 활용 (15점)

- ☐ 생애최초/신혼부부 혜택 확인 (5점)
- ☐ 특별공급 자격 여부 점검 (5점)
- ☐ 세금 감면 혜택 적용 가능성 (5점)

I(Infrastructure) - 생활 편의성 (25점)

- ☐ 직장까지 통근 시간 1시간 이내 (5점)
- ☐ 기본 생활시설 접근성 우수 (5점)
- ☐ 교육/의료 인프라 적절 (5점)
- ☐ 교통 편의성과 주차 여건 (5점)
- ☐ 문화/여가 시설 다양성 (5점)

F(Flow) - 지역 안정성 (20점)

- ☐ 최근 3년 가격 변동 안정적 (5점)
- ☐ 인구 구성과 유입 추세 양호 (5점)

- ☐ 상권 활성화 지속 가능성 (5점)
- ☐ 전세 수요와 거래 활성도 (5점)

T(Thinking) - 만족도/장기성 (15점)

- ☐ 가족 구성원 모두 만족 (5점)
- ☐ 5년 후에도 거주 희망 (5점)
- ☐ 라이프스타일과 부합 (5점)

📊 종합 평가 기준

- 90-100점: 즉시 계약 검토 권장
- 80-89점: 추가 검토 후 계약
- 70-79점: 조건 재협상 또는 다른 매물 검토
- 70점 미만: 계약 재고 권장

첫 집 구매 성공 로드맵

1단계. 기준 설정 (1-2주)

- DRIFT 우선순위 설정
- 현실적 예산 범위 확정
- Must/Should/Nice 조건 분류

2단계. 매물 탐색 (2-4주)

- 온라인 + 현장 답사 병행

- 최소 10곳 이상 비교
- DRIFT 워크시트로 객관적 평가

3단계. 최종 선택 (1-2주)

- 상위 3곳 재방문 및 정밀 분석
- 가족 의견 수렴
- 80% 만족 시 결정

4단계. 계약 실행 (1-2주)

- 계약 조건 꼼꼼히 검토
- 대출 실행 및 일정 확정
- 이사 계획 수립

5단계. 행복한 정착 (1-3개월)

- 동네 생활 패턴 익히기
- 주민 커뮤니티 참여
- 다음 단계(갈아타기) 계획 수립

Chapter 6 마무리. 이제 여러분도 DRIFT 프레임워크로 현명한 첫 집 선택을 할 수 있을 거예요.

Chapter 7. 갈아타기의 진짜 타이밍은 따로 있다

섹션 7.1 언제 갈아타야 손해를 피할 수 있을까

갈아타기의 진실 - 타이밍이 아니라 기준이다

"교수님, 우리 집값이 많이 올랐는데 지금 팔고 더 좋은 곳으로 갈아타야 할까요?"

이런 질문을 정말 많이 받아요. 매번 되묻죠. "그런데 더 좋은 곳이란 어떤 기준으로 말씀하시는 건가요?" 십중팔구 답을 못하세요. 사실 갈아타기에서 가장 중요한 건 '언제'가 아니라 '왜', '어디로', '어떻게'거든요.

지난 20여 년간 정말 많은 갈아타기 상담을 해봤는데, 성공하는 분들에게는 하나의 공통점이 있더라고요. 바로 **명확한 갈아타기 기준을 가지고 계신다는** 점이에요. 반면 실패하시는 분들은? 시장 분위기나 주변 사람들 말에 휩쓸려서 "에이, 일단 해보자" 식으로 결정하시더군요.

혹시 여러분도 그런 경험 있으시죠?

DRIFT로 읽는 갈아타기 신호

그럼 지금부터 DRIFT 프레임워크로 갈아타기 타이밍을 정확히 읽는 법을 알려드릴게요. 각 요소별로 어떤 신호를 봐야 하는지 차근차근 살펴보아요.

D(Data) - 숫자가 들려주는 갈아타기 이야기

첫 번째 신호는 '내 집의 상대적 가치 변화'예요.

얼마 전 상담 받은 정우진씨 사례를 들어볼게요. 10년 전에 5억으로 산 송파구 아파트가 지금 12억이 됐어요. 같은 기간 강남구에서 눈여겨보던 아파트는 8억에서 15억이 됐고요.

"우와, 우리 집이 7억이나 올랐네! 강남은 7억 올랐고..."

잠깐만요. 여기서 함정에 빠지면 안 돼요. 절대 금액만 보면 안 되거든요.

상승률로 다시 계산해보면:

- **송파구**: 140% 상승 (5억→12억, +7억)
- **강남구**: 87.5% 상승 (8억→15억, +7억)

어? 송파가 더 많이 올랐네요? 그럼 지금 송파 집을 팔고 강남으로 갈아타면 손해일까요?

여기서 중요한 건 '앞으로의 상승 여력'이에요.

DRIFT의 D(Data)로 체크할 핵심 지표들:

1. 상대적 상승률과 향후 여력

- 내 지역 vs 목표 지역의 최근 3년 상승률 비교해보세요
- 더 중요한 건 "어느 쪽이 더 오를 여지가 많은가?"예요

2. 전세가 대비 매매가 비율 체크

- 내 집: 전세가가 매매가의 몇 %인지 확인해보세요
- 만약 전세가가 매매가의 40% 밑으로 내려갔다면? **매도 신호예요**

- 목표 지역: 아직 전세가 비율이 50% 이상이라면? 매수 신호일 수 있어요

3. **거래량 패턴 읽기**

    - 우리 동네 부동산에 가서 물어보세요: "요즘 매물 나오는 족족 팔려요?"

    - 이런 말을 들으시면 **매도 타이밍**이에요

    - 반대로 "매물이 쌓여 있어요."라고 하면? 아직 기다리세요

💡 **바로 써먹는 실전법**: 매월 한 번씩 부동산 앱에서 내 집 반경 1km 내 거래량을 체크해보세요. 평상시보다 30% 이상 늘었다면 갈아타기 신호로 봐도 좋아요.

R(Regulation) - 정책이 만드는 갈아타기 골든 타임

정책 변화야말로 갈아타기의 진짜 기회를 만들어요.

2021년 8.4대책 이후를 기억하세요? 강남 4구에 갈아타고 싶었던 분들이 많았는데, 분양권 규제가 강화되면서 오히려 기존 주택으로의 갈아타기가 쉬워졌거든요. 역설적이죠?

DRIFT의 R(Regulation)에서 놓치면 안 되는 갈아타기 신호들:

1. **세금 부담의 변곡점**

    - 1주택자 양도세 비과세 시점 (보유 2년, 규제는 거주 2년)

- 장기보유특별공제 구간 (3년, 5년, 10년, 15년)
- "어, 이제 세금이 확 줄어드네?" 하는 시점이 바로 기회예요

2. 대출 규제 완화 시기

- DSR 규제가 살짝 완화됐을 때
- 주택담보대출 한도가 늘어났을 때
- 이때가 바로 갈아타기 대출 받기 좋은 타이밍이에요

3. 공급 정책의 변화

- 재개발·재건축 속도 조절 발표
- 신규 분양 물량 조절 계획
- 이런 건 미리 알고 준비하시는 게 중요해요

📋 실전 성공 사례: 지난해 상담 받은 김씨는 강남구 재건축 대상 주택을 갖고 계셨어요. 재건축이 계속 미뤄지니까 답답하셨죠. 그래서 2021년 양도세 중과 해제(유예) 시점에 맞춰 용산구 신축 아파트로 갈아타셨어요. "불확실한 재건축 기다리느라 시간 낭비할 바에야 확실한 곳으로 가자"고 하시더라고요. 현명한 판단이었어요.

I(Infrastructure) - 인프라가 보여주는 갈아타기 신호

내 집 주변과 목표 지역의 인프라 개발 차이를 잘 보세요.

정우진씨가 송파구에서 강남구로 갈아타기를 고민한다고 했잖아요? 근데

DRIFT의 I(Infrastructure) 관점에서 보면 결론이 완전히 달라질 수 있어요.

- **송파구**: 지하철 9호선 연장이나 신규 교통망 개발이 예정되어 있어요
- **강남구**: 이미 교통 인프라가 완성되어 추가 호재가 제한적이에요

이런 상황이라면? 성급하게 갈아타기보다는 송파에서 신규 교통망 개통 효과를 더 누려보는 게 현명할 수 있어요.

인프라 갈아타기 신호 포인트:

1. 교통망 개발 단계별 전략

- 내 집: 개발 완료되어서 프리미엄이 다 반영됐다면? 매도 신호
- 목표 지역: 개발 예정이라 아직 가격에 반영 안 됐다면? 매수 신호

2. 생활편의시설 변화

- 대형 쇼핑몰, 좋은 학교, 대학병원 등이 새로 들어온다면?
- 기존 시설들이 노후화되고 있다면?

F(Flow) - 시장 흐름이 만드는 기회의 창

수급 불균형이 갈아타기의 진짜 기회를 만들어요.

시장 흐름을 읽는 건 생각보다 어렵지 않아요. 부동산 중개사무소에 가

서 간단히 물어보시면 돼요.

매도자 우위 시장 신호:

- "요즘 매물 나오자마자 계약돼요"

- "가격 조정 안 해도 금방 팔려요" → 이때가 바로 갈아타기 매도 타이밍!

매수자 우위 시장 신호:

- "매물이 많이 나와 있어요"

- "가격 조정하는 분들이 늘고 있어요" → 목표 지역이 이런 상황이면 갈아타기 매수 타이밍!

💡 Flow 읽기 실전 노하우

오프라인: 주말에 내 동네 공인중개사 2-3곳 돌아보세요. "요즘 시장이 어때요?" 3곳에서 비슷한 답을 들으시면 그게 진짜 시장 흐름이에요.

온라인: 부동산 앱에서 ①내 동네 매물 개수 변화 ②호가 대비 실거래가 비율 ③평균 매물 등록 기간을 월별로 체크하세요. 이 3가지 지표만 봐도 시장 온도를 정확히 읽을 수 있어요.

T(Thinking) - 갈아타기 심리 함정에서 벗어나기

갈아타기에서 가장 위험한 건 감정적 결정이에요.

"우리 옆집도 갈아탔대", "지금 안 갈아타면 기차 놓칠 것 같아"... 혹시

이런 생각 드시나요? 그럼 잠깐 멈추세요.

갈아타기 심리 함정들과 해결법:

1. FOMO(놓칠까 봐 두려운 마음) 증후군

- 함정: "다들 갈아타는데 나만 뒤처지는 건 아닐까?"
- 해결: 다음 질문에 답해보세요
    - Q1: 내 주변 10명 중 실제로 갈아탄 사람은 몇 명인가?
    - Q2: 그들의 갈아타기가 모두 성공적이었나?
    - Q3: 내 상황과 목표가 그들과 정확히 같은가?

2. 매몰비용 착각

- 함정: "여기서 10년 살았는데 이제 좀 갈아타야지"
- 해결: 다음 관점으로 다시 생각해보세요
    - Q1: 앞으로 10년 더 살 집으로 봤을 때도 지금이 최적일까?
    - Q2: 과거 10년의 추억과 미래 10년의 가치 중 뭐가 더 중요할까?
    - Q3: 지금 안 갈아타면 언제 갈아탈 건가?

3. 확증편향

- 함정: 갈아타고 싶은 마음에 좋은 정보만 골라서 보기
- 해결: 의도적으로 반대 의견 찾아보기
    - Q1: 목표 지역의 단점 3가지를 말할 수 있는가?
    - Q2: 현재 집의 장점 3가지를 객관적으로 인정하는가?
    - Q3: 갈아타기 반대하는 사람의 의견을 들어봤는가?

갈아타기 타이밍 완벽 체크리스트

이제 실전에서 바로 쓸 수 있는 체크리스트를 드릴게요. 이거 하나면 갈아타기 타이밍을 놓치지 않으실 거예요.

🔍 매도 타이밍 신호 체크

☐ D(Data) 신호들

- ✓ 내 집 최근 1년 상승률이 목표 지역보다 높은가?
- ✓ 주변 거래량이 평상시보다 30% 이상 늘었는가?
- ✓ 전세가가 매매가의 40% 밑으로 떨어졌는가?

☐ R(Regulation) 신호들

- ✓ 양도세가 합리적 수준까지 내려왔는가?
- ✓ 추가 규제 리스크는 없는가?

- ✓ 대출 규제가 완화되는 시기인가?

☐ I(Infrastructure) 신호들

- ✓ 내 집 주변 개발호재가 가격에 충분히 반영됐는가?
- ✓ 목표 지역에 새로운 호재가 예정되어 있는가?

☐ F(Flow) 신호들

- ✓ 내 지역이 매도자 우위 시장인가?
- ✓ 목표 지역이 매수자 우위 시장인가?

☐ T(Thinking) 신호들

- ✓ 감정이 아닌 논리적 근거로 판단하고 있는가?
- ✓ 주변의 "지금 팔아야 해" 압박에 휩쓸리지 않고 있는가?

손해 안 보는 갈아타기 3단계 로드맵

1단계. 준비 (6개월 전부터)

- **DRIFT 현황 분석**: 5요소로 지금 시장 상황 정확히 파악하기
- **목표 설정**: 어느 지역, 어떤 조건, 예산은 얼마까지
- **대출 준비**: 은행에서 미리 대출 한도와 조건 확인하기

2단계. 실행 (매도-매수 시점)

- **매도**: 시장 과열 신호 포착하면 망설이지 말고 실행

- 매수: 급하게 사지 말고 충분히 검토 후 결정
- 갭 줄이기: 매도-매수 사이 공백 기간 최대한 줄이기

3단계. 정착 (이후 1년)

- 결과 점검: 갈아타기가 성공적이었는지 DRIFT로 평가
- 지속 모니터링: 새 동네의 추가 개발 정보 계속 추적
- 다음 준비: 또 다른 갈아타기 기준 미리 업데이트

마무리. 타이밍은 기준이 있을 때만 보여요

갈아타기 실패하시는 분들을 보면 '언제'만 고민하세요. "지금 팔아야 하나, 더 기다려야 하나"만 생각하시죠.

하지만 성공하시는 분들은 달라요. 타이밍을 판단하는 명확한 기준이 있어요. DRIFT 5요소로 시장을 읽고, 그 신호에 따라 차분하게 움직이시거든요.

함께 기억해요.

갈아타기에서 손해를 피하는 비법은 완벽한 타이밍을 맞추는 게 아니에요. "DRIFT 기준으로 타이밍 신호를 읽고, 그 신호가 오면 확신을 갖고 움직이는 거예요."

섹션 7.2 '더 좋은 집'이란 어떤 조건인가?

더 좋은 집의 착각 - 크기와 브랜드만 보고 계신가요?

"교수님, 더 넓은 집으로 갈아타고 싶어요." "교수님, 강남으로 가면 무조건 좋은 거 아닌가요?"

지난 20여 년간 정말 많이 듣는 말이에요. 하지만 여기에 큰 함정이 숨어있어요. '더 좋은 집'을 단순히 '더 넓은 집', '더 비싼 동네'로만 생각하는 착각 말이죠.

정우진씨처럼 갈아타기를 고민하는 분들에게 가장 중요한 건 이거예요. "내게 진짜 더 좋은 집은 뭘까?"라는 질문에 명확히 답할 수 있어야 해요.

그 답은? 바로 우리의 DRIFT 프레임워크로 찾을 수 있어요!

DRIFT로 찾는 '진짜 더 좋은 집'

D(Data) - 숫자가 증명하는 진짜 가치

첫 번째 조건. 투자 효율성이 더 좋아지나요?

단순히 비싼 집 = 좋은 집이 아니에요. 투자 대비 효과가 더 좋아져야 진짜 더 좋은 집이거든요.

실제 사례를 보여드릴게요.

현재 집 (송파구 A아파트)

- 매매가: 12억

- 전세가: 8억 5천만
- 전세가율: 71%
- 최근 3년 상승률: 연평균 7%

목표 집 (강남구 B아파트)

- 매매가: 18억
- 전세가: 12억
- 전세가율: 67%
- 최근 3년 상승률: 연평균 4%

어떤 집이 더 좋을까요?

가격만 보면 강남구가 더 비싸니까 더 좋아 보이죠? 하지만 DRIFT의 D(Data) 관점에서 보면 완전히 달라요.

투자 효율성 비교:

- 송파구: 높은 상승률 + 높은 전세가율 = 투자 효율성 우수
- 강남구: 낮은 상승률 + 낮은 전세가율 = 투자 효율성 아쉬움

추가로 체크할 포인트들:

- 유지비 부담: 관리비, 세금이 늘어나는 만큼 가치도 올라가나?
- 유동성: 급하게 팔아야 할 때 얼마나 쉽게 팔릴까?

- 임대 가능성: 필요할 때 임대도 쉽게 될까?

R(Regulation) - 정책 변화에 더 안전한 집

두 번째 조건. 정책 리스크가 더 적은가요?

아무리 좋은 집이라도 정책 변화에 취약하면 진짜 더 좋은 집이 아니에요.

정책 안정성 핵심 체크 포인트:

1. 세금 부담의 급변 구간 피하기

종부세 구간별 세율:

- 9억 이하: 0.5-1.4%
- 9억~15억: 1.4-2.1%
- 15억 이상: 2.1-3%

→ 9억, 15억 경계선 근처는 정책 변화에 민감해요

2. 대출 규제 영향도

DSR 규제 강도:

- 6억 이하: 상대적 완화
- 15억 이상: 강한 규제

→ 중간 가격대가 대출 받기에 유리해요

📋 실전 성공 사례: 김씨는 18억짜리 강남 아파트 대신 12억짜리 송파 아파트를 선택했어요. 종부세 부담도 훨씬 적고, 대출도 편하게 받으면서, 생활은 거의 비슷하더라고요. 정책 변화에도 훨씬 안전한 선택이었죠.

I(Infrastructure) - 미래 가치가 더 높은 집

세 번째 조건. 10년 후에도 더 경쟁력이 있을까요?

지금 당장만 좋은 집보다는 앞으로도 계속 더 좋아질 집이 진짜 더 좋은 집이에요.

미래 가치 판단 기준:

1. 교통 개발 단계별 기회

개발 단계별 투자 타이밍:

- 개발 확정 전: 가격 상승 여력 최대
- 개발 진행 중: 중간 정도 여력
- 개발 완료 후: 안정적이지만 추가 상승 제한적

→ 목표 집 주변이 어느 단계인지 꼭 확인하세요

2. 지역 발전 계획 체크

- 상업시설, 병원, 학교 신설 예정은?
- 도시재생 사업 계획에 포함되는지?
- 노후 인프라 개선 계획은?

📄 **실제 성공 사례**: 박씨(42세, 회사원)는 2021년 강서구 염창동 롯데캐슬 전용 84㎡(약 8억)을 매도하고, 마포구 상암동 월드컵파크 00단지 전용 84㎡(약 10억 5천만)으로 갈아탔어요. 당시 "같은 마포구인데 2억 5천만이나 더 비싸게 살 필요가 있나?" 고민했지만,

①DMC 기업 집적 ②6호선·공항철도 환승 ③마포·강남 접근성 등 DRIFT의 I(Infrastructure) 요소를 분석했죠. 2025년 현재 상암동 실거래가는 약 12억 5천만 원, 염창동은 약 9억 5천만 원으로 집계됩니다. 갈아타기 비용 5천만 원을 제외해도 약 2억 5천만 원의 가치 차익을 실현한 셈입니다.

F(Flow) - 시장에서 더 경쟁력 있는 집

네 번째 조건. 앞으로 더 인기가 많아질까요?

시장 흐름 관점에서 더 좋은 집이란:

1. 희소성이 점점 높아지는 집

- 비슷한 조건의 매물이 줄어드는 지역
- 대체하기 어려운 독특한 장점이 있는 집

2. 새로운 수요가 생기는 집

- 재택근무 확산으로 주거환경이 중요해진 지역
- 새로운 산업단지나 기업 이전으로 수요 증가 예상 지역

시장 흐름 실전 판단법.

현재 집 (구로구 A아파트)

- 공급: 대규모 신규 분양 계획 多
- 수요: 제조업 중심이라 한정적
- 결론: 공급 과잉 우려

목표 집 (성동구 B아파트)

- 공급: 기존 주거지라 신규 공급 제한적
- 수요: 젊은 직장인층·문화 애호가 수요 급증
- 결론: 수급 균형 매우 유리

T(Thinking) - 내 삶을 실제로 더 좋게 만드는 집

다섯 번째 조건. 정말 살기에 더 좋은가요?

이게 가장 중요해요. 데이터상으론 더 좋아 보이지만 실제 살기엔 불편한 집은 진짜 더 좋은 집이 아니거든요.

생활 만족도 핵심 체크:

1. 출퇴근 패턴 변화

- 현재: 집 → 지하철 → 회사 (35분)
- 목표: 집 → 지하철 → 환승 → 회사 (55분)

→ 매일 20분씩 더 걸리는 게 과연 감수할 만한가?

2. 자녀 교육 환경

- 학군이 진짜 더 좋아지나? 아니면 그냥 유명한 건가?
- 사교육비 부담은 얼마나 늘어날까?
- 아이가 학교 옮기는 스트레스는?

3. 가족 관계 변화

- 부모님 댁, 친구들과 거리가 너무 멀어지지 않나?
- 새 동네에서 인맥 만들기가 어렵지 않을까?

📋 실전 성공 사례: 이씨 부부는 강남 대신 분당을 선택했어요. 투자 수익률은 강남이 더 좋아 보였지만, 아이들 학교, 부모님 댁 접근성, 남편 출퇴근을 종합적으로 고려하니 분당이 실제 삶의 질에는 훨씬 도움이 되더라고요.

5분만에 하는 '더 좋은 집' 자가 진단

복잡한 분석 말고, 간단하게 내게 더 좋은 집인지 체크해볼까요?

🔍 DRIFT 간단 체크리스트

☐ D(Data) - 투자 효율성

- ✓ 목표 집의 최근 3년 상승률이 현재 집보다 높거나 비슷한가?
- ✓ 전세가율(전세가÷매매가)이 현재보다 비슷하거나 높은가?
- ✓ 관리비, 세금 증가분을 고려해도 투자 효과가 있는가?

☐ R(Regulation) - 정책 안정성

- ✓ 종부세 부담이 현재보다 크게 늘지 않는가?
- ✓ 대출 규제를 받지 않거나 현재와 비슷한 수준인가?
- ✓ 추가 규제 대상이 될 위험이 적은가?

☐ I(Infrastructure) - 미래 가치

- ✓ 목표 지역에 새로운 교통, 상업, 교육 시설 계획이 있는가?
- ✓ 현재 집 주변보다 개발 여지가 더 많은가?
- ✓ 10년 후에도 경쟁력을 유지할 수 있는 입지인가?

☐ F(Flow) - 시장 경쟁력

- ✓ 목표 지역의 공급이 현재 지역보다 제한적인가?
- ✓ 새로운 수요 요인(기업 이전, 개발 등)이 있는가?
- ✓ 비슷한 조건 매물을 찾기 어려운 희소성이 있는가?

☐ T(Thinking) - 생활 만족도

- ✓ 출퇴근이 현재보다 편해지거나 비슷한가?
- ✓ 자녀 교육 환경이 실질적으로 더 좋아지는가?
- ✓ 가족 모두가 생활하기에 더 만족스러운가?

결과 해석:

- 12개 이상: 갈아타기 적극 추천!

- 8-11개: 신중하게 고려해볼 만함

- 7개 이하: 다시 한번 점검 필요

더 좋은 집 선택할 때 절대 피해야 할 함정 3가지

함정 1. 브랜드만 보고 선택하기

"대형 건설사 아파트니까 무조건 좋겠지?"

브랜드 아파트도 좋지만, 그 브랜드 프리미엄만큼 가치가 있는지 DRIFT로 꼭 검증해보세요. 때로는 브랜드값만 비싸고 실제 투자 가치는 떨어지는 경우도 있거든요.

함정 2. 유행만 따라가기

"요즘 대세는 ○○구래"

남들이 좋다고 해서 나에게도 좋은 건 아니에요. 내 상황과 목표에 맞는 선택인지 냉정하게 판단하는 게 중요해요.

함정 3. 감정에만 의존하기

"여기서 살면 정말 행복할 것 같아"

물론 감정도 중요하죠. 하지만 객관적 기준 없는 감정적 결정은 나중에 후회할 확률이 높아요. 감정과 논리, 둘 다 만족하는 집을 찾으세요.

나만의 '더 좋은 집' 기준 3단계로 완성하기

1단계: 내 우선순위 정하기 (5분)

상황별 가중치 조정 가이드.

🏠 첫 집 마련하는 경우

- ① 투자 수익률 (25%) - 장기 보유 전제로 안정성 중시
- ② 세금 부담 최소화 (15%) - 첫 구매라 상대적으로 낮음
- ③ 미래 발전 가능성 (30%) - 가장 중요! 10년 후 가치
- ④ 매매 용이성 (10%) - 당분간 안 팔 예정
- ⑤ 실제 생활 편의성 (20%) - 실거주 만족도 중요

👨‍👩‍👧 자녀 교육 고려하는 경우

- ① 투자 수익률 (15%)
- ② 세금 부담 최소화 (20%)
- ③ 미래 발전 가능성 (20%)
- ④ 매매 용이성 (15%)
- ⑤ 실제 생활 편의성 (30%) - 학군, 교육환경이 최우선

💰 투자 목적이 강한 경우

- ① 투자 수익률 (35%) - 최우선 고려사항
- ② 세금 부담 최소화 (25%) - 수익성 직결

- ③ 미래 발전 가능성 (25%)
- ④ 매매 용이성 (15%) - 언제든 처분 가능해야
- ⑤ 실제 생활 편의성 (0%) - 실거주 안 할 예정

결과 예시: "우리는 자녀 교육 고려형이니까

⑤생활 편의성(30%) 〉 ③미래 발전 가능성(20%) 〉 ②세금 부담 최소화(20%) 순으로 중요해"

2단계: 현재 집 vs 목표 집 비교하기 (10분)

위에서 정한 3가지 우선순위를 중심으로 간단 비교표 만들어보기

3단계: 가족 회의하기 (30분)

혼자만의 생각이 아니라 가족 모두의 의견을 들어보세요. 특히 배우자와 자녀들의 생각도 중요해요.

마무리: 더 좋은 집은 내가 정의하는 거예요

'더 좋은 집'에 정답은 없어요. 하지만 내게 더 좋은 집은 분명히 있어요.

혹시 지금도 "정말 내가 제대로 고를 수 있을까?" 하는 불안감이 드시나요? 저도 처음엔 그랬어요. 하지만 지난 20여 년간 수많은 분들과 함께하면서 확신하게 됐어요. 여러분도 충분히 현명한 선택을 할 수 있다는 걸요. 그 집을 찾는 방법? 바로 DRIFT 프레임워크로 체계적으로 분석하고, 내 상황과 목표에 딱 맞춰 선택하는 거예요.

함께 기억해요. 남들이 말하는 '좋은 집'이 아니라, 내 삶을 실제로 더 좋게 만들고 자산 가치도 함께 키울 수 있는 집이 바로 진짜 더 좋은 집이에요!

섹션 7.3 실전 사례로 본 갈아타기 기준

이론을 넘어 실전으로 - 진짜 갈아타기는 이렇게 한다

"교수님, DRIFT 기준은 알겠는데 실제로는 어떻게 적용해야 하나요?"

지난 20여 년간 가장 많이 받는 질문입니다. 아무리 좋은 이론도 실전에서 써먹을 수 없으면 의미가 없죠.

💡 7.2 섹션에서 작성한 개인별 DRIFT 가중치를 준비하세요!

앞 섹션에서 여러분이 직접 계산한 가중치(D:_%, R:_%, I:_%, F:_%, T:_%)를 이번 섹션 사례에 실제로 적용해보며 실전 감각을 익혀보겠습니다.

실제 상담해온 갈아타기 성공 사례들을 통해 DRIFT 기준이 어떻게 적용되는지 구체적으로 보여드리겠습니다.

성공 사례 1: 정우진씨의 노원→성수 갈아타기

상황: 10년 거주 후 갈아타기 고민

정우진씨 프로필:

- 43세, 중견기업 팀장
- 현재 집: 노원구 상계동 아파트 (10년 거주, 4억→7억 5천만)
- 고민: 서울 중심권으로 갈아타기 vs 현 상태 유지

DRIFT 분석 과정

1단계. 현재 집 DRIFT 분석

D(Data) 현황.

- 매매가: 7억 5천만 (10년간 87.5% 상승)
- 전세가: 5억 2천만 (전세가율 69%)
- 최근 1년 상승률: 8%
- 거래량: 평소 수준 (안정적)

R(Regulation) 현황.

- 보유세 부담: 종부세 해당 없음 (7억 5천만)
- 양도세: 1주택자 중과 없음
- 대출 규제: DSR 여유 충분

I(Infrastructure) 현황.

- 교통: 지하철 4호선, 7호선 접근성
- 개발: 상계동 주공아파트 재건축 추진 중 (일부 단지)
- 생활편의: 기본적인 편의시설은 갖춰짐

F(Flow) 현황.

- 공급: 재건축 추진으로 향후 일부 공급 변화 예상
- 수요: 4호선 접근성으로 꾸준한 실수요
- 시장 온도: 재건축 기대감으로 관심 증가

T(Thinking) 현황.

- 만족도: 넓은 공간, 조용한 환경
- 불편함: 직장까지 1시간 이상, 문화생활 접근성 아쉬움
- 미래 계획: 중심권 이주 희망

2단계. 갈아타기 목표 설정

정우진씨의 우선순위:

- 자녀 교육 환경 개선 (가중치 30%)
- 직장 접근성 향상 (가중치 25%)
- 자산 가치 안정성 (가중치 20%)
- 생활 편의성 유지 (가중치 15%)
- 투자 수익률 (가중치 10%)

3단계. 후보지 DRIFT 비교

후보 1: 용산구 이촌동 (15억)

D(Data)

- 전세가율: 68% (안정적)
- 최근 상승률: 8% (안정적)
- 거래량: 평소 수준 (과열 없음)

- **평가**: 투자 안정성 우수하나 고가 (16/20점)

R(Regulation)

- 종부세: 중과세 구간 (부담 가중)
- 대출: DSR 한계 초과 위험
- 정책 리스크: 고가주택 타겟 규제 위험
- **평가**: 정책 부담 상당 (10/20점)

I(Infrastructure)

- 교통: 지하철 4호선, 6호선, 버스 우수
- 교육: 용산구 학군, 국제학교 인근
- 개발: 한강 접근성, 용산 정비창 부지·용산공원 개발 호재
- **평가**: 현재 완성도 높음 + 미래 호재 (17/20점)

F(Flow)

- 공급: 신규 공급 매우 제한적
- 수요: 한강뷰 등 프리미엄 수요 견고
- 유동성: 고가로 인한 유동성 제약
- **평가**: 희소성 우수하나 유동성 아쉬움 (15/20점)

T(Thinking)

- 교육 환경: 적당히 개선
- 통근: 약간 개선
- 생활비: 크게 증가 (관리비, 세금)
- **평가**: 생활 부담 증가 (13/20점)

총점: 71/100점

후보 2: 성동구 성수동 (11억)

D(Data)

- 전세가율: 72% (양호)
- 최근 상승률: 15% (상승세)
- 거래량: 평소보다 25% 증가
- **평가**: 투자 효율성 우수 (18/20점)

R(Regulation)

- 종부세: 적정 구간 (부담 적음)
- 대출: DSR 여유 확보 가능
- 정책 리스크: 상대적으로 안전
- **평가**: 정책 안정성 우수 (18/20점)

I(Infrastructure)

- 교통: 지하철 2호선, 분당선
- 교육: 일반 학군 (특별함 없음)
- 개발: 성수 IT밸리, 수제화거리·공장지역이 문화특구로 재탄생
- **평가**: 미래 가치 증가 전망 (17/20점)

F(Flow)

- 공급: 재개발로 향후 공급 증가 예상
- 수요: 젊은 직장인층·문화 애호가 수요 급증
- 시장성: 높은 상승 여력
- **평가**: 시장 잠재력 우수 (18/20점)

T(Thinking)

- 교육 환경: 변화 없음
- 통근: 크게 개선 (IT 직종 유리)
- 생활비: 적당히 증가
- **평가**: 라이프스타일 개선 (16/20점)

총점: 87/100점

💡 개인별 가중치 적용 예시

만약 여러분의 7.2 워크시트 결과가 '자녀 교육 중시형'이라면:

- 생활 편의성(30%) + 미래 가치(20%) + 세금 안정성(20%) 중심

성수동 가중치 적용 결과: 86.5/100점 → 교육환경은 보통이지만 전체적으로 매우 우수한 선택

이렇게 개인 상황에 맞는 가중치를 적용하면 더 정확한 판단이 가능합니다.

4단계. 최종 결정과 실행

결정: 성동구 성수동 선택

선택 이유

- DRIFT 종합 점수가 가장 높음 (87점)
- 정우진씨 우선순위에 가장 부합
    - 직장 접근성 크게 개선 (25% 가중치)
    - 자산 안정성 확보 (20% 가중치)
    - 정책 리스크 최소화
- 합리적 가격대로 DSR 여유 확보
- 미래 상승 여력이 가장 큼

실행 과정과 결과

갈아타기 제반 비용 계산,

매도 비용.

- 중개수수료: 노원구 7억 5천만 × 0.4% = 300만원
- 양도세: 1주택자 비과세
- 기타 비용: 50만원
- 소계: 350만원

매수 비용.

- 중개수수료: 성수동 11억 × 0.4% = 440만원
- 취득세: 11억 × 3% = 3,300만원
- 기타 비용: 200만원
- 소계: 3,940만원

총 갈아타기 비용: 4,290만원

매도 전략.

- 노원구 안정적 시기 활용 (7억 5천만 → 7억 6천만)
- 2개월 만에 호가 대비 101% 매도 성공

매수 전략.

- 성수동 매물 3개월간 꼼꼼히 비교

- 급매물 아닌 정상 매물로 적정가 매수 (11억)

1년 후 결과,

- 자산 가치: 11억 → 12억 5천만 (14% 상승)
- 실질 수익: 1억 5천만 - 4,290만원 = 1억 210만원
- 생활 만족도: 혁신적 향상 (문화생활, 직장 접근성)
- 통근 편의: 출퇴근 시간 40분 단축
- 종합 만족도: "인생이 바뀐 갈아타기" 평가

성공 사례 2: 김민수씨의 구로→동작 갈아타기

상황: 신혼집에서 패밀리하우스로

김민수씨 프로필.

- 38세, IT 회사 과장
- 현재 집: 구로구 신도림 아파트 (결혼 후 3년 거주, 5억→8억)
- 목표: 강남권 진입 희망하지만 예산 제약

DRIFT 분석의 특별함

이 사례의 특별한 점은 DRIFT 중 'T(Thinking)'의 비중을 높게 둔 것입니다.

김민수씨의 특별한 고려사항,

- 부인 임신으로 육아 친화적 환경 필요
- 양가 부모님과의 접근성 중요
- 향후 10년 안정적 거주 목표

후보지 비교: 강남 vs 서초 vs 강동 vs 동작

예산 한계: 12억 (매도 8억 + 추가 자금 4억)

1순위 - 강남구: 예산 초과로 포기

- 희망 지역이지만 최소 15억 이상 필요
- DSR 한계로 대출 불가

2순위 - 서초구: 부담스러운 선택

- 13-14억대로 예산 초과
- 무리한 대출 필요

3순위 - 강동구: 안전한 선택

- 10-11억대로 예산 내 구입 가능
- 하지만 강남 접근성 아쉬움

최종 선택: 동작구 상도동 (12억)

선택 이유 (DRIFT 분석):

D(Data): 가성비 최우수

- 동작구: 12억 (예산 한도선 활용)
- 강남 대비 20% 저렴한 가격
- 전세가율 적정 (72%)
- 향후 상승 여력 충분

R(Regulation): 정책 안정성

- 종부세: 1주택자 12억 미만으로 종부세 대상 아님
- 1주택자 혜택 유지
- 대출 규제 부담 적정 수준

I(Infrastructure): 강남 접근성

- 지하철 4호선으로 강남 직결
- 사당역 환승으로 2호선 접근
- 중앙대, 총신대 등 교육 인프라

F(Flow): 수요 증가 트렌드

- 강남 진입 대기 수요층 유입
- 노량진 개발로 지역 가치 상승
- 공급 제한적 (기존 주거지)

T(Thinking): 라이프스타일 최적화

- 강남 직장까지 30분 내 접근
- 양가 부모님과 적정 거리 유지
- 사당역 상권으로 생활 편의성 증가
- 육아 친화적 환경 (어린이대공원 인근)

결과: 3년 후 자산 가치 25% 상승 (12억→15억), 강남 접근성으로 생활 만족도 크게 향상. 특히 "강남에 살지는 않지만 강남처럼 사는" 만족감을 얻었다고 평가.

실패 사례 분석: 왜 실패했을까?

실패 사례: 박영희씨의 무리한 대출 갈아타기

상황,

- 45세, 자영업자
- 강북구 → 강남구 갈아타기 (2021년)
- 무리한 대출로 15억 아파트 매수

핵심 실패 요인,

1. DRIFT의 R(Regulation) 무시 - 금리 정책 오판

- 2021년 당시 1-2% 저금리를 영구적으로 착각

- 변동금리로 대출받아 금리 상승(4-5%) 직격탄
- 자영업 소득 불안정성 + 대출 부담 = 이중고

2. DRIFT의 D(Data) 검토 부족 - 무리한 레버리지

- 소득 대비 과도한 대출 비율 (LTI 7배)
- 월 상환액이 200만원에서 400만원으로 급증

결과: 자영업 매출 감소와 겹쳐 2024년 결국 매도. 갈아타기 비용과 이자 부담으로 순손실 2억원 발생.

교훈: DRIFT 중 R(정책)과 D(데이터) 요소를 간과한 감정적 결정이 큰 손실로 이어짐

지역별 갈아타기 DRIFT 가이드

강남권 (강남/서초/송파/강동)

DRIFT	특징	갈아타기 포인트
D	전세가율 65-70%, 유동성 우수	안정적 투자처, 급매 위험 낮음
R	종부세 중과세, 대출규제 강함	충분한 자금력 필수
I	완성된 인프라, 개발여지 제한	현재 완성도가 경쟁력
F	꾸준한 수요, 공급 제한적	시장 안정성 최고
T	교육/교통 만족도 높음	높은 생활비 부담 각오

갈아타기 TIP: 중과세 타이밍 고려, 여유자금 확보 후 진입

🏛 한강권 (용산/마포/영등포)

DRIFT	특징	갈아타기 포인트
D	상승률 변동성 큼, 지역별 편차	리스크-리턴 모두 높음
R	재개발 규제 민감, 정책변화 영향	규제 동향 모니터링 필수
I	대규모 개발 진행중	개발 단계별 진입 전략
F	젊은층 수요 증가	공급증가도 동시 고려
T	문화접근성 우수, 공사 불편	임시 불편 감수 필요

갈아타기 TIP: 개발 타이밍 정확히 파악, 단계적 접근

🏠 동북권 (성동/광진/동대문/중랑)

DRIFT	특징	갈아타기 포인트
D	높은 상승률, 전세가율 양호	가성비 우수한 투자처
R	상대적 규제 리스크 적음	정책 부담 최소화
I	지하철 연결성 우수	추가 개발 호재 많음
F	IT/문화 수요 급증	신규 수요층 유입
T	문화 감성, 대기업 밀집	젊은 라이프스타일

갈아타기 TIP: 문화특구 초기 진입 유리, 상승여력 큼

🏠 서남권 (관악/동작/영등포)

DRIFT	특징	갈아타기 포인트
D	안정적 상승률, 가성비 우수	착실한 투자 수익
R	정책 안정성 높음	규제 리스크 최소
I	교통망 개선 지속	대학가 인프라 활용
F	실수요 중심, 투기 적음	건전한 수급 구조
T	강남 접근성 + 저렴한 생활비	실거주 만족도 높음

갈아타기 TIP: 교통 개선 호재 활용, 실거주 목적 최적

갈아타기 성공의 공통 패턴

성공자들의 5가지 공통점

1. 충분한 준비 기간 (평균 6개월)

- 시장 상황 모니터링
- 여러 후보지 비교 분석
- 재무 계획 수립

2. DRIFT 종합 분석

- 5요소 모두 체계적 검토
- 개인 상황에 맞는 가중치 적용
- 정량적 평가와 정성적 판단 결합

3. 단계적 실행

    - 매도 먼저, 매수는 신중하게

    - 갭투자 기간 최소화

    - 시장 상황에 따른 유연한 조정

4. 감정 통제

    - 조급함보다는 기다림의 힘

    - 주변 의견에 휩쓸리지 않음

    - 객관적 기준 준수

5. 장기적 관점

    - 1-2년 차익보다 5-10년 가치 고려

    - 라이프스타일 변화까지 고려

    - 재갈아타기 가능성도 염두

나만의 갈아타기 실행 계획 수립하기

1단계. 현재 상황 DRIFT 진단 (6개월 전 시작)

진단 체크리스트:

- ☐ D(Data): 내 집의 투자 지표 분석 완료
- ☐ R(Regulation): 세금, 대출 영향 파악 완료
- ☐ I(Infrastructure): 지역 개발 계획 확인 완료
- ☐ F(Flow): 시장 수급 상황 파악 완료
- ☐ T(Thinking): 갈아타기 동기 명확화 완료

2단계. 목표 설정 및 우선순위 (4개월 전)

우선순위 설정 (7.2섹션 가중치 워크시트 활용):

- ☐ 자녀 교육 환경: ___% (가중치)
- ☐ 직장 접근성: ___%
- ☐ 자산 가치 안정성: ___%
- ☐ 생활 편의성: ___%
- ☐ 투자 수익률: ___%

3단계. 후보지 발굴 및 분석 (2개월 전)

후보지 분석 시트 (7.2섹션 매트릭스 활용):

후보지: _____

- D(Data): ___/20점 (가중치 적용: ___점)
- R(Regulation): ___/20점 (가중치 적용: ___점)
- I(Infrastructure): ___/20점 (가중치 적용: ___점)
- F(Flow): ___/20점 (가중치 적용: ___점)
- T(Thinking): ___/20점 (가중치 적용: ___점)
- 가중 총점: ___/100점

4단계. 실행 계획 수립 및 비용 계산

타이밍 계획:

- 매도 목표 시기: ____
- 매수 목표 시기: ____
- 갭투자 대응 방안: ____

제반 비용 계산:

매도 비용:

- 중개수수료: 현재 집값 × 0.4% = _____ 만원
- 양도세: _____ 만원
- 기타: _____ 만원

매수 비용:

- 중개수수료: 목표 집값 × 0.4% = _____ 만원
- 취득세: 목표 집값 × 3% = _____ 만원
- 기타: _____ 만원

총 갈아타기 비용: _____ 만원

비용 계산 예시: 노원구 7억 5천만→성수동 11억 갈아타기 시 총 4,290 만원 소요 (상기 정우진씨 사례 참조)

리스크 관리:

- 최대 손실 허용 범위: ____
- 거래 과정 리스크 대응책: ____
- 입주 타이밍 조정 방안: ____
- 계획 변경 시나리오: ____

마무리. 성공하는 갈아타기의 핵심

실제 사례들을 보면서 어떤 생각이 드셨나요?

혹시 "정우진씨는 운이 좋았던 거 아닐까?", "나도 정말 저렇게 할 수 있을까?" 하는 의문이 드시나요? 저는 확신합니다. **여러분도 충분히 성공할 수 있어요.**

성공하는 갈아타기와 실패하는 갈아타기 사이에는 한 가지 명확한 차이

가 있어요. 성공하는 분들은 모두 DRIFT 5요소를 종합적으로 고려한 체계적 접근을 했다는 점이에요.

반면 실패하는 경우들은 대부분 한두 가지 요소에만 집중하거나, 감정적으로 급하게 결정한 경우들이었습니다.

함께 기억해요. 갈아타기 성공의 핵심은 이거예요:

1. **충분한 준비 시간 확보** - 성급함은 금물!

2. **DRIFT 5요소 종합 분석** - 균형잡힌 판단이 핵심

3. **개인 상황에 맞는 기준 적용** - 나만의 가중치로

4. **단계적이고 신중한 실행** - 한 걸음씩 확실하게

여러분도 지금까지 함께 배운 DRIFT 기준만 잘 활용하시면 됩니다. 저와 함께라면 더욱 확실하고요!

Chapter 7 마무리. 꼭 기억하세요. 성공하는 갈아타기에는 운이 아닌 준비와 기준이 있습니다. DRIFT 프레임워크는 그 기준을 만들어주는 든든한 나침반입니다.

Chapter 8. 남들 따라 하지 않고, 스스로 판단하는 법

섹션 8.1 유혹에 흔들리는 투자자의 유형

"아, 그때 그 사람 말 안 듣고 내 기준대로 했으면..."

제가 지난 20여 년간 만난 부동산 투자자들 중에서 실패를 반복하는 사람들에게는 공통점이 있었습니다. 바로 **자신만의 기준 없이 외부 정보에 휘둘린다는** 점이죠.

여러분도 혹시 이런 경험 있으시죠? 분명 나름대로 계획을 세웠는데, 누군가의 한마디에 마음이 흔들리고, 결국 후회하게 되는. DRIFT 프레임워크를 배웠지만, 실제로는 여전히 다양한 유혹에 노출되기 마련입니다.

어떤 유혹들이 우리를 흔들고, 왜 그렇게 되는지 알아야 대비할 수 있어요. 실제 컨설팅 사례를 바탕으로 흔들리기 쉬운 투자자 유형 5가지와 DRIFT 대응법을 살펴보겠습니다.

🎯 흔들리는 투자자 유형 5가지

1. "급한 마음에 판단 포기형" - 수진씨 케이스

상황: 37세 수진씨는 신혼집 마련을 위해 DRIFT로 후보지를 선정해놓고 검토 중이있는데, 어머니가 "요즘 집값이 또 오른나던데? 지금 안 사면 더 비싸질 텐데..."라고 하셨어요.

함정: '급박함의 착각'에 빠져 DRIFT 분석을 중단하고 성급하게 계약

DRIFT 대응법 - "3일 룰"

- 급한 결정 요구받으면 무조건 3일 시간 요청
- 3일 동안 DRIFT 5요소 차례대로 점검
- 감정이 아닌 기준으로 최종 판단

2. "전문가 의존형" - 정우진씨 케이스

상황: 43세 정우진씨는 DRIFT 분석을 마치고 방향을 정했는데, '부동산 전문가'를 만나고 나서 "지금은 ○○구가 대세에요"라는 말에 자신의 기준을 포기했어요.

함정: 자신의 상황은 무시하고 검증되지 않은 일반론 수용

DRIFT 대응법 - "필터링"

- 전문가 조언을 DRIFT 5요소로 재분석
- 내 상황에 맞는지 검증
- 전문가 조언은 참고자료, 최종 판단은 내 기준

3. "남들 따라 하기형" - 정호씨 케이스

상황: 45세 정호씨는 부동산 모임에서 "○○지역 대박 났다", "요즘 오피스텔이 대세"라는 말에 혹해서 DRIFT 분석 없이 따라 하려 했어요.

함정: 집단 심리에 휘둘려 자기 상황 망각

DRIFT 대응법 - "나만의 기준 재확인"

- 내 투자 목표 재점검
- 남의 성공 사례가 내 DRIFT 기준에도 맞는지 확인
- 혼자서도 확신할 수 있는 근거 있는지 점검

4. "완벽주의 분석마비형" - 김지영씨 케이스

상황: 41세 김지영씨는 DRIFT를 너무 꼼꼼하게 분석하려다 보니 6개월째 결정을 못 내리고 있어요. 그 사이 좋은 매물들은 다 나가버렸습니다.

함정: 완벽한 정보 추구로 인한 기회비용 발생

DRIFT 대응법 - "80% 룰"

- DRIFT 5요소 중 80% 확신이 서면 결정
- 나머지 20%는 리스크로 받아들이기
- 완벽한 투자는 없다는 현실 인정

5. "감정 기복형" - 박민수씨 케이스

상황: 39세 박민수씨는 DRIFT로 좋은 매물을 찾았는데, 계약 직전에 "혹시 내가 놓친 게 있을까?"라며 불안해져서 포기했어요.

함정: 마지막 순간 의심으로 일관성 상실

DRIFT 대응법 - "확신 점수표"

- DRIFT 각 요소별로 1-10점 점수 매기기
- 총점 35점 이상이면 실행
- 감정이 아닌 숫자로 판단

🛡 흔들리지 않는 DRIFT 마인드셋

지금까지 다섯 가지 유형을 살펴봤는데, 공통점이 보이시나요? 모두 자신만의 DRIFT 기준을 포기하거나 의심한다는 점이에요.

흔들리지 않는 3가지 원칙

1. "DRIFT 기준이 내 나침반"
    - 외부 조언은 참고만, 최종 결정은 내 DRIFT 기준으로
2. "완벽보다는 일관성"
    - 100% 맞는 투자는 없어도, 일관된 기준으로 판단하면 성공률 상승
3. "감정은 신호, 판단은 기준으로"
    - 불안이나 욕심은 자연스러운 감정, 하지만 결정은 DRIFT로

실전 흔들림 방지 체크포인트

누군가 여러분의 마음을 흔들려고 할 때, 이렇게 자문해보세요:

- ✅ "이 조언이 내 DRIFT 분석과 어떻게 다른가?"
- ✅ "내가 직접 확인할 수 있는 근거가 있는가?"
- ✅ "이 결정을 1년 후에도 납득할 수 있을까?"

제가 지난 20여 년간 봐온 성공 투자자들의 공통점은 **자신만의 기준을 끝까지 지켜낸다는** 것이었어요. DRIFT 프레임워크는 그런 기준을 만드는 도구입니다.

이제 흔들리는 유형들을 파악했으니, 다음 단계로 넘어가겠습니다. **여러분만의 구체적인 DRIFT 판단 기준표를 직접 만들어보는 것이죠.** 더 이상 남의 말에 흔들리지 않는, 확고한 투자 기준을 세워보세요.

섹션 8.2 DRIFT 판단 기준 점검표 작성하기

"이제 남의 말에 흔들리지 않는 나만의 기준을 만들어볼까요?"

지금까지 DRIFT 프레임워크를 배우고, 흔들리기 쉬운 투자자 유형도 살펴봤습니다. 이제 가장 중요한 단계에 왔어요. **여러분만의 DRIFT 판단 기준표를 직접 만드는 것이죠.**

제가 지난 20여 년간 수천 건의 컨설팅을 하면서 깨달은 건, 성공하는 투자자들은 모두 **자신만의 명확한 기준**을 가지고 있다는 점이었어요. 그리고 그 기준을 체크리스트로 만들어서 감정이 개입할 틈을 주지 않더라고요.

📋 DRIFT 판단 기준표가 왜 필요한가?

실제 변화 사례: 정우진씨

43세 정우진씨는 갈아타기를 고민하며 저에게 상담받은 후, DRIFT 판단 기준표를 만들었어요.

기준표 작성 전: 매물 볼 때마다 "이게 맞나?" 고민 → 지인들 조언에 계속 흔들림 → 6개월째 결정 못 내림

기준표 작성 후: 매물 보면 체크리스트대로 점수 매김 → 객관적 숫자로 비교 판단 → 2주 만에 확신 있는 결정

정우진씨는 "기준표가 있으니까 감정적으로 흔들리지 않게 되더라고요. 마치 건강검진 결과표처럼, 숫자가 명확하게 말해주니까요"라고 말했어요.

🎯 1단계: 내 투자 목적 명확히 하기

DRIFT 기준표를 만들기 전에, 먼저 여러분의 투자 목적을 명확히 해야 해요. 목적에 따라 DRIFT 각 요소의 가중치가 달라지기 때문이죠.

목적별 DRIFT 가중치

투자 목적	D	R	I	F	T
내 집 마련	20%	15%	35%	15%	15%
갈아타기	25%	20%	30%	15%	10%
투자용	30%	25%	20%	20%	5%

내 집 마련은 Infrastructure(입지)가 가장 중요하고, **투자용**은 Data(수익성)와 Regulation(정책 영향)이 중요하죠.

내 목적 정의하기 (4가지 질문)

1. 주된 목적은? 내 집 마련 / 갈아타기 / 투자

2. 투자 기간은? 3년 이내 / 5-10년 / 10년 이상

3. 수익률 기대치는? 안정성 중시 / 적정 수익 / 고수익 추구

4. 리스크 허용도는? 보수적 / 중간 / 적극적

📊 2단계: DRIFT 세부 기준 설정하기

D(Data) - 숫자로 확인하는 기준

기본 체크 항목:

- 최근 1년 거래량이 월 평균 ○건 이상인가?
- 실거래가 대비 시세가 ±5% 범위 내인가?
- 건물 연수가 ○년 이내인가?
- 전세가율이 60-80% 범위인가?

개인화 예시 (갈아타기용):

- 최근 1년 거래량 월 평균 5건 이상 (유동성 확보)
- 시세 대비 ±3% 범위 (적정 가격)
- 준공 후 15년 이내 (관리비 고려)
- 전세가율 70% 이상 (자금 조달 용이)

R(Regulation) - 정책 변화 대응 기준

기본 체크 항목:

- 해당 지역 개발 계획이 있는가?
- 향후 3년 내 공급 물량은 적정한가?
- 세금 혜택 대상인가?
- 규제 완화 가능성이 있는가?

I(Infrastructure) - 입지 가치 기준

기본 체크 항목:

- 지하철역까지 도보 ○분 이내인가?
- 초등학교까지 ○m 이내인가?
- 생활 편의시설 접근성은 좋은가?
- 향후 교통망 개선 계획이 있는가?

F(Flow) - 시장 흐름 파악 기준

기본 체크 항목:

- 최근 3개월 가격 상승률이 과도하지 않은가?
- 매물 소화 속도가 적절한가?
- 실수요 비중이 높은가?
- 향후 입주 물량이 적정한가?

T(Thinking) - 심리와 판단 기준

기본 체크 항목:

- 감정적 조급함 없이 분석했는가?
- 최소 3곳 이상 비교 검토했는가?
- 최악의 시나리오도 고려했는가?
- 5년 후에도 후회하지 않을 확신이 있는가?

⭐ 3단계: 점수화 시스템 만들기

점수 기준 (1-5점)

- 5점: 매우 우수 (기대 이상)
- 4점: 우수 (기준 충족)
- 3점: 보통 (최소 기준)
- 2점: 미흡 (보완 필요)
- 1점: 불량 (기준 미달)

실전 점수표 템플릿

DRIFT	세부 기준	가중치	점수(1-5)	가중점수
D	거래량/가격/상태/수익성	25%	4점	1.0
R	정책/규제/혜택	20%	3점	0.6
I	교통/학군/편의시설	30%	4점	1.2
F	수급/상승률/소화율	15%	3점	0.45
T	객관성/비교분석	10%	4점	0.4
총점		100%		3.65

최종 판단 기준

- 4.0점 이상: 적극 투자 ✅
- 3.5-4.0점: 신중 검토 후 투자 🔍
- 3.0-3.5점: 보완 후 재검토 ⚠️
- 3.0점 미만: 투자 보류 ✗

🔄 **4단계: 실전 적용 프로세스**

매물 검토 시 5단계 진행

1. **1차 필터링**: DRIFT 각 요소별 최소 기준 통과 확인
2. **상세 분석**: 통과된 매물만 점수표 작성
3. **비교 분석**: 여러 매물의 점수 비교
4. **최종 검증**: 최고점 매물에 대한 재검토
5. **결정**: 기준점 이상이면 실행

감정 차단 4원칙

✅ **혼자서 작성하기**: 타인의 영향 없이 독립적 판단

✅ **충분한 시간 갖기**: 최소 2-3일에 걸쳐 신중히 검토

✅ **근거 기록하기**: 점수를 준 이유를 구체적으로 메모

✅ **재검토하기**: 1주일 후 다시 점수표 확인

💡 성공 사례: 김미경씨의 만족스러운 선택

39세 김미경씨는 DRIFT 기준표를 만든 후 3개월 만에 만족스러운 내 집 마련에 성공했어요.

김미경씨의 핵심 기준:

- D(Data): 전세가율 75% 이상 (보증금 마련 용이)
- I(Infrastructure): 직장 접근성 30분 이내 (실거주 중심)
- F(Flow): 신규 분양 없는 안정 지역 선호

결과: 총 7곳 검토 → 기준표 4.2점 매물 선택 → 계약 후 만족도 95%

김미경씨는 "기준표가 있으니 흔들리지 않고 확신 있게 결정할 수 있었어요"라고 말했습니다.

🧭 여러분만의 투자 나침반 완성하기

이제 여러분도 DRIFT 판단 기준표라는 투자 나침반을 갖게 되었습니다.

이 나침반의 4가지 효과

1. 남의 말에 흔들리지 않아요 - 명확한 기준이 있으니까
2. 감정이 아닌 기준으로 판단해요 - 숫자가 말해주니까
3. 일관된 투자 철학을 유지해요 - 체계적인 프레임이니까
4. 실패해도 원인을 분석할 수 있어요 - 기준이 명확하니까

기준표 업데이트 가이드

- **분기별**: 시장 상황 변화 반영
- **정책 변화 시**: Regulation 기준 수정
- **투자 목적 변경 시**: 가중치 재조정
- **실패/성공 경험 후**: 기준 보완

중요한 건 기준표를 만드는 것이 아니라 실제로 **활용**하는 것입니다. 다음 매물을 볼 때부터 바로 여러분의 DRIFT 기준표를 사용해보세요.

하지만 기준표만으로는 충분하지 않습니다. 진짜 중요한 건 같은 **실수를 반복하지 않고 지속적으로 성장하는 시스템**을 갖추는 것이죠. 다음 섹션에서는 이 기준표를 바탕으로 실패를 반복하지 않는 나만의 전략을 완성해보겠습니다.

섹션 8.3 실패를 반복하지 않는 나만의 전략 수립

"이번엔 다를 거야"라고 말하지 말고, 실제로 다르게 만드세요.

지금까지 DRIFT 판단 기준표를 만들었다면, 이제 마지막 단계입니다. 실패를 반복하지 않는 나만의 부동산 전략을 완성하는 것이죠.

제가 지난 20여 년간 컨설팅하면서 가장 안타까웠던 건, 똑같은 실수를 반복하는 분들이었어요. "이번엔 다를 거야"라고 말하지만, 결국 같은 패턴으로 같은 실패를 하더라고요.

왜 그럴까요? 실패로부터 배우는 시스템이 없기 때문입니다.

🔄 실패 반복의 DRIFT 패턴 분석

정호씨의 3번 실패에서 발견한 공통점

45세 정호씨는 지난 5년간 3번 실패했는데, DRIFT로 분석해보니 명확한 패턴이 있었어요:

- D(Data) 무시: 수익률만 보고 위험 요소 간과
- R(Regulation) 간과: 정책 변화에 둔감
- T(Thinking) 부족: 남의 말에 쉽게 흔들림

이처럼 특정 DRIFT 요소를 반복적으로 놓치는 것이 실패의 근본 원인이었습니다.

🛡 DRIFT 기반 실패 방지 4대 원칙

원칙 1. "DRIFT 80% 확신 룰" (T-Thinking 강화)

투자 결정 전에 DRIFT 5요소 모두 80% 이상 확신이 서야 실행합니다.

확신도 점검표:

- D(Data): 필요한 정보의 80% 이상 확보
- R(Regulation): 정책 리스크의 80% 이상 파악
- I(Infrastructure): 입지 가치의 80% 이상 검증
- F(Flow): 시장 흐름의 80% 이상 이해
- T(Thinking): 감정적 요소의 80% 이상 통제

원칙 2. "DRIFT 3회 검증 시스템" (D-Data 신뢰성 확보)

같은 결론을 3번 다른 방법으로 검증해야 최종 결정합니다.

1. **1차**: DRIFT 기준표로 점수 산출
2. **2차**: 1주일 후 같은 기준으로 재평가
3. **3차**: 객관적 검토 및 DRIFT 요소별 재확인

원칙 3. "실패 학습 의무화" (전체 DRIFT 개선)

투자 결과가 나쁠 때는 반드시 DRIFT 실패 분석을 의무화합니다.

실패 학습 4단계:

1. **즉시 분석**: 어떤 DRIFT 요소에서 판단 착오가 있었는지

2. 원인 파악: D.R.I.F.T 중 놓친 부분과 이유 분석

3. 기준 수정: 같은 DRIFT 요소 실수 방지를 위한 기준 보완

4. 다음 적용: 수정된 DRIFT 기준으로 다음 투자 진행

원칙 4. "성공 재현 시스템" (성공한 DRIFT 패턴 활용)

투자가 성공했을 때도 어떤 DRIFT 요소가 성공을 이끌었는지 분석해서 재현 가능하게 만듭니다.

🎯 실제 성공 사례: 박민수씨의 DRIFT 기반 변화

39세 박민수씨는 2년 전 DRIFT 기준표를 만든 후, 4대 원칙을 적용했어요.

박민수씨의 극적인 변화

Before (DRIFT 전략 수립 전):

- 3년간 5번 투자, 성공 1번
- 매번 다른 기준으로 투자
- 실패해도 "운이 나빴다"로 결론

After (DRIFT 4대 원칙 적용 후):

- 2년간 3번 투자, 성공 3번
- 일관된 DRIFT 기준으로 투자

- 성공 요인을 정확히 분석하고 재현

박민수씨의 핵심 전략

- **80% 룰 엄격 적용**: DRIFT 확신 없으면 절대 투자 안 함
- **실패 학습 의무화**: 작은 손실도 DRIFT 관점에서 반드시 분석
- **성공 패턴 재현**: 성공한 DRIFT 조합을 데이터베이스화

박민수씨는 "이제 투자가 도박이 아니라 과학이 됐어요"라고 말합니다.

📃 여러분만의 DRIFT 투자 철학 완성하기

지금까지 Chapter 8을 통해 다음을 완성했습니다:

✅ **흔들리지 않는 마음가짐** (섹션 8.1: 투자자 유형 분석)

✅ **객체적 판단 도구** (섹션 8.2: DRIFT 기준표)

✅ **성장하는 전략 시스템** (섹션 8.3: DRIFT 기반 실패 방지 전략)

Chapter 8 마무리. 나의 DRIFT 투자 철학 선언문

다음 빈칸을 채워서 여러분만의 투자 철학을 완성해보세요.

나의 DRIFT 투자 철학

- 나는 _____ 목적으로 부동산 투자를 한다.
- 나의 핵심 DRIFT 기준은 _____이다.
- 나는 DRIFT _____% 확신이 있을 때만 투자한다.
- 실패했을 때는 반드시 DRIFT 분석을 한다.
- 성공했을 때는 반드시 DRIFT 패턴 기록을 한다.
- 나는 DRIFT 기준을 지키는 투자자가 되겠다.

서명: _____ 날짜: _____

이 선언문을 지갑에 넣고 다니면서, 유혹이 생길 때마다 꺼내 보세요. 여러분의 DRIFT 투자 나침반이 되어줄 겁니다.

PART 4. 흔들리지 않는 전략

-흔들리지 않는 장기 전략 세우기-

장기적 관점의 부동산 전략 수립과

지속 가능한 성장 방안

Chapter 9. 지금 살까, 기다릴까? 타이밍의 기준 세우기

섹션 9.1 매수 타이밍에 대한 오해와 진실

타이밍만 기다리는 사람들의 함정

"지금 사면 손해 볼 것 같아요.", "좀 더 떨어지면 그때 사려고요.", "전문가들이 내년에 더 싸진다고 하던데요."

20년 넘게 부동산 컨설팅을 하면서 이런 말씀을 정말 자주 들었어요. 특히 시장이 조금이라도 불안해지면 모든 분이 '타이밍 전문가'가 되시더라고요.

그런데 말이죠, 타이밍만 기다리는 분들에게는 공통점이 하나 있었어요. 결국 사지 못하거나, 더 비쌀 때 급하게 사게 된다는 거예요. 안타깝지만 이게 현실입니다.

완벽한 타이밍이라는 착각

많은 분들이 '완벽한 매수 타이밍'이 온다고 생각해요. 시장이 바닥을 치는 순간, 모든 조건이 완벽하게 맞아떨어지는 그 순간 말이에요. 하지만 이건 주식에서 가장 싼 가격에 사서 가장 비싼 가격에 파는 것과 같은 이야기 거든요.

DRIFT의 T(Thinking) 관점에서 보면, 이런 생각 자체가 심리적 함정이에요. 완벽한 타이밍을 기다리는 동안 우리가 놓치는 것들이 있어요:

- 기회비용: 전세나 월세로 계속 나가는 돈들

- **가격 상승**: 기다리는 동안의 집값 오름
- **심리적 스트레스**: 끝없는 고민과 불안

실제로 제가 상담했던 한 고객분은 2020년부터 "조금만 더 기다리면 떨어질 것 같다"며 계속 미루시다가, 결국 2년 후 30% 오른 가격에 급하게 구매하게 되셨어요.

진짜 타이밍의 기준: DRIFT로 판단하기

완벽한 타이밍 하나를 기다리는 대신, DRIFT 다섯 요소의 타이밍을 종합적으로 판단해보세요. 훨씬 현실적이고 실행 가능한 접근법이에요.

🗓️ **D(Data) 타이밍**: 내 예산과 대출 여건이 최적화된 시점

📋 **R(Regulation) 타이밍**: 나에게 유리한 정책이 시행되는 시점

🏛️ **I(Infrastructure) 타이밍**: 교통망 개발 등 인프라 개선 수혜 직전

📈 **F(Flow) 타이밍**: 해당 지역 공급과 수요의 균형점

🧠 **T(Thinking) 타이밍**: 내가 충분히 분석하고 확신이 선 시점

70점 타이밍의 힘

완벽한 100점 타이밍을 기다리지 마세요. DRIFT 다섯 요소 중 3-4개가 괜찮은 70점 타이밍이면 충분해요.

실제 성공 사례들을 보면:

- 시장 바닥에서 산 사람은 거의 없어요

- 대신 자신의 기준에 맞는 적절한 시점에 산 분들이 성공했어요
- 타이밍보다는 선택한 물건의 품질이 더 중요했어요

나만의 매수 타이밍 체크리스트

다음 질문들에 답해보세요. 5개 중 3-4개에 '예'라고 답할 수 있다면, 지금이 여러분의 타이밍일 수 있어요.

☐ D(Data). 내 자금 여건이 충분한가?

- 계약금과 중도금을 무리 없이 준비할 수 있고, 구매 후에도 여유 자금이 남는다.

☐ R(Regulation). 정책적으로 불리하지 않은가?

- 현재 나에게 적용되는 규제가 크지 않고, 세제 혜택을 받을 수 있는 조건에 해당한다.

☐ I(Infrastructure). 입지 조건이 만족스러운가?

- 교통, 교육, 편의시설이 내 기준에 맞고, 10년 후에도 경쟁력을 유지할 수 있는 지역이다.

☐ F(Flow). 시장 상황이 극도로 나쁘지 않은가?

- 해당 지역 매물이 과도하게 쌓여있지 않고, 가격이 단기간에 급등하지 않은 상태다.

☐ T(Thinking). 마음의 준비가 되었는가?

- 충분히 분석하고 비교해봤으며, 가족 모두가 동의하고 있다.

마무리: 타이밍은 만드는 것

좋은 매수 타이밍은 기다리는 것이 아니라 만드는 거예요.

- D(Data): 꾸준한 자금 관리로 언제든 움직일 수 있는 여력 확보
- R(Regulation): 정책 변화를 지속적으로 모니터링하며 기회 포착
- I(Infrastructure): 평소 관심 지역의 개발 계획과 변화상 파악
- F(Flow): 시장 흐름을 읽는 안목 기르기
- T(Thinking): 감정에 휘둘리지 않는 판단 기준 확립

완벽한 타이밍을 기다리며 기회를 놓치는 대신, DRIFT로 나만의 타이밍을 만들어가세요. 그게 부동산에서 성공하는 진짜 비결이거든요.

섹션 9.2 상승장과 하락장에서 다른 기준

시장에 따라 달라져야 하는 판단 기준

"상승장에서는 뭘 사도 오르던데, 지금은 뭘 사야 할지 모르겠어요.", "하락장에서는 언제까지 기다려야 하나요?"

상담하다 보면 시장 상황이 바뀔 때마다 이런 고민을 하시는 분들이 정말 많아요. 그런데 말이죠, 똑같은 기준으로 상승장과 하락장을 바라보면 실패할 수밖에 없어요. 마치 여름옷을 입고 겨울을 나려는 것과 같거든요.

지난 20여 년간 여러 사이클을 겪으며 깨달은 것은, **시장 상황에 따라 DRIFT 요소들의 우선순위와 판단 기준이 달라져야 한다는 점**이에요.

상승장에서의 DRIFT 전략: 방어 중심

상승장의 함정과 대응 원칙

상승장에서는 모든 게 좋아 보여요. 어떤 집을 사도 오르고, 주변에서 성공담만 들리죠. 하지만 바로 이때가 가장 위험한 순간이에요.

상승장에서 흔한 실수들:

- "지금 안 사면 더 오를 것 같다"는 조급함
- 예산을 초과해서라도 '일단 사자'는 심리
- "어차피 오를 텐데"라며 꼼꼼한 분석 생략

상승장 DRIFT 기준: 안정성 우선

🔢 D(Data) - 보수적 자금 계획

- 매매가의 70% 이하 대출로 여유 확보
- 향후 금리 상승과 유지비 증가 대비

📋 R(Regulation) - 규제 리스크 최우선

- 종부세, 보유세 부담 증가 가능성 검토
- 대출 규제 강화 시나리오 대비

🏚️ I(Infrastructure) - 기본기 충실한 입지

- 화려한 개발 호재보다는 기본기가 탄탄한 입지
- "망하지 않을 지역" 우선 선택

✅ F(Flow) - 과열 신호 감지

- 단기간 급등한 지역은 피하는 것이 안전
- 투기적 수요 유입 정도 파악

🧠 T(Thinking) - 냉정함 유지

- "FOMO(지금 안 사면 놓친다는 불안감)" 심리 경계
- "나중에 팔 수 있을까?"까지 고려한 판단

하락장에서의 DRIFT 전략: 선별적 공격

하락장의 기회와 포착 방법

하락장에서는 모든 게 불안해 보여요. 언론은 더 떨어질 것 같다고 하고, 주변에선 "지금 사면 바보"라고 하죠. 하지만 **진짜** 고수들은 **이런 때**를 기다려요.

하락장 DRIFT 기준: 잠재력 중심

📅 D(Data) - 적극적 기회 분석

- 하락폭과 하락 이유의 정확한 분석
- 임대수익률과 매매가 역전현상 활용

📋 R(Regulation) - 규제 완화 시그널 포착

- 정부 정책 변화의 조짐 파악
- 세제 혜택 확대 가능성 검토

🏢 I(Infrastructure) - 미래 가치 잠재력

- 현재는 부족하지만 개발 예정인 인프라
- 대규모 개발 사업 수혜 지역 중 저평가 구간

📈 F(Flow) - 바닥 신호 감지

- 매물량 증가 후 안정화 시점 포착
- 언론과 시장 심리의 극도 부정적 시점

🍡 T(Thinking) - 역발상과 장기 관점

- 시장 공포감을 기회로 전환하는 사고
- 단기 변동보다는 3-5년 장기 가치 판단

시장별 체크리스트

상승장 체크리스트

☐ 예산의 80% 이내에서 구매 가능한가?
☐ 향후 3년간 보유세 부담을 감당할 수 있는가?
☐ 기본 입지 조건(교통, 교육, 편의)이 확실한가?
☐ 최근 6개월 내 30% 이상 급등하지 않았는가?

하락장 체크리스트

☐ 하락 이유가 일시적이고 해결 가능한 문제인가?
☐ 과거 평균 대비 충분히 저평가된 구간인가?
☐ 임대수익률이 시중금리보다 높은가?
☐ 3-5년 후 가치 상승 요인이 명확한가?

성공 사례로 배우기

상승장 성공 사례: 안정성을 선택한 정우진씨

2020년 상승장에서 정우진씨는 주변 권유에도 불구하고 신도시 대신 기존 구도심의 역세권 아파트를 선택했어요. 예산의 60%만 사용하고, 종부세 대상이 아닌 9억 이하를 선택했죠.

결과: 신도시는 2022년 15% 하락했지만, 정우진씨 아파트는 5% 하락에 그쳤고 임대도 안정적으로 유지되었어요.

하락장 성공 사례: 기회를 잡은 수진씨

2022년 하락장에서 수진씨는 시장 공포감 속에서도 분당에 첫 집을 마련했어요. 30% 하락한 가격대와 GTX 개발 호재, 신혼부부 특공 혜택을 종합 활용했죠.

결과: 1년 후 해당 지역이 회복세를 보이며 안정적인 자산 증식과 주거 만족도를 동시에 확보했어요.

마무리. 시장은 바뀌어도 원칙은 지키기

시장 상황이 바뀌어도 변하지 않아야 할 것:

1. **DRIFT 기본 프레임워크**: 다섯 요소 모두 고려하는 습관
2. **자금 여력 확보**: 어떤 상황에서도 무리하지 않는 원칙
3. **장기적 관점**: 단기 변동에 흔들리지 않는 시각

시장 상황에 따라 조정할 것:

1. **DRIFT 요소별 가중치**: 상승장에서는 안정성, 하락장에서는 잠재력
2. **리스크 허용 범위**: 상황에 맞는 보수적/공격적 조정
3. **의사결정 속도**: 상승장에서는 신중하게, 하락장에서는 적극적으로

기억하세요. 시장이 바뀐다고 해서 원칙까지 바뀌어서는 안 돼요. DRIFT라는 나침반은 그대로 두고, 상황에 맞게 항로만 조정하면 됩니다. 그게 어떤 시장에서도 성공할 수 있는 비결이거든요.

섹션 9.3 판단 기준이 있을 때 시장이 쉬워진다

기준이 없을 때의 혼란스러운 일상

"오늘 뉴스에서 집값 더 떨어진다고 하던데...", "유튜브에서는 지금이 바닥이라고 하고...", "부동산 카페에서는 또 다른 이야기를 하고..."

기준이 없으면 매일이 혼란의 연속이에요. 하나의 뉴스, 하나의 전문가 의견에 일희일비하게 되죠. 마치 나침반 없이 바다에서 표류하는 것과 같아요.

하지만 **명확한 판단 기준**, 즉 자신만의 DRIFT 기준이 있으면 시장이 전혀 다르게 보여요. 같은 정보를 봐도 흔들리지 않고, 오히려 확신을 가지고 행동할 수 있게 되거든요.

기준이 있는 사람과 없는 사람의 차이

정보 해석 방식의 극명한 차이

기준이 없는 사람:

- 매일 새로운 정보에 따라 생각이 바뀜
- "전문가가 그렇다니까 맞겠지" 식의 수동적 수용
- 결국 결정을 미루거나 감정적으로 급하게 결정

기준이 있는 사람:

- 새로운 정보를 자신의 DRIFT 기준으로 필터링

- "내 상황과 목표에 맞는지" 주체적으로 판단
- 충분한 검토 후 확신을 가지고 결정

실제 사례: 같은 정보, 다른 결과

A씨 (기준이 없던 경우)

2021년 초 "올해는 집값 안정화" 전망이 나오자 매수를 미뤘어요. 그러다가 3월에 급등 뉴스가 나오자 급하게 예산을 초과해서 구매했죠. 결국 6개월 후 규제 강화로 가격이 하락하자 "그때 전문가가 틀렸다"며 후회하셨어요.

B씨 (DRIFT 기준이 있던 경우)

같은 시기, 같은 전망을 들었지만 자신의 DRIFT 기준으로 분석했어요. 자신의 예산과 대출 여건을 재점검하고, 목표 지역의 장기 가치를 확인한 후 언론 전망보다는 자신의 분석을 신뢰했죠.

결과적으로 B씨는 시장 변동에 흔들리지 않고 자신에게 맞는 집을 적절한 시기에 구매할 수 있었어요.

DRIFT 기준이 만드는 3가지 변화

1. 정보 과부하에서 벗어나기

시중에는 부동산 정보가 넘쳐나요. DRIFT 기준이 있으면 이 모든 정보를 효율적으로 필터링할 수 있어요.

새로운 정보가 들어오면:

- 🗓️ D: 내 자금 상황에 어떤 영향?
- 📋 R: 정책 변화가 나에게 미치는 영향?
- 🏢 I: 관심 지역의 가치에 어떤 변화?
- 📈 F: 시장 흐름 변화의 진정성?
- 🧠 T: 감정적 판단인가, 논리적 판단인가?

2. 시장 소음에 흔들리지 않는 중심축

기준이 있으면 다음과 같은 '시장 소음'에 흔들리지 않아요:

- 단기적 가격 변동 뉴스
- 극단적 전망이나 예측
- 주변 사람들의 성공담이나 실패담

대신 이런 것들에 집중하게 되죠:

- 본인의 라이프 사이클과 필요
- 장기적 지역 가치와 잠재력
- 정책의 본질적 방향성

3. 빠르고 정확한 의사결정

기준이 명확하면 의사결정 속도가 훨씬 빨라져요. 매번 처음부터 고민할 필요가 없으니까요.

DRIFT 기준 활용 의사결정 프로세스:

1. **1단계**: 내 상황과 정책 환경 점검 (30분)
2. **2단계**: 해당 지역과 시장 상황 분석 (1시간)
3. **3단계**: 종합 판단과 최종 결정 (30분)

총 소요시간: 2시간 내 핵심 결정 완료

나만의 DRIFT 기준 확립하기

개인화된 DRIFT 가중치 설정

모든 사람에게 똑같은 DRIFT 기준이 적용되는 건 아니에요. 자신의 상황과 목표에 맞게 각 요소의 가중치를 조정해야 해요.

수진씨 (신혼부부, 첫 집) 기준:

- 🔢 D(자금) 30% - 예산 내 안전한 구매가 최우선
- 📋 R(정책) 25% - 신혼부부 혜택 등 정책 활용 중요
- 🏢 I(입지) 25% - 장기 거주를 위한 생활 편의성
- 📈 F(흐름) 10% - 단기 시장 변동보다는 안정성
- 🧠 T(판단) 10% - 가족 간 합의가 우선

정우진씨 (갈아타기 고민자) 기준:

- 🔢 D(자금) 20% - 기존 주택 처분가로 여유 있음

- 📋 R(정책) 20% - 1주택자 유지 전략 중요
- 🏠 I(입지) 30% - 더 나은 입지로의 업그레이드가 목표
- ☑ F(흐름) 20% - 갈아타기 타이밍 포착 중요
- 🧠 T(판단) 10% - 경험 기반 판단력 활용

기준 확립을 위한 3단계 실습

1단계. 자기 진단

- 내 상황: 연령, 가족 구성, 소득, 자산
- 내 목표: 실거주, 갈아타기, 투자 목적
- 내 성향: 보수적/공격적, 단기/장기 지향

2단계. DRIFT 요소별 중요도 설정

- 각 요소에 대한 개인적 중요도 점수 부여
- 100점 만점에서 5개 요소에 배분

3단계. 구체적 기준 수립

- 각 요소별 구체적 판단 기준 작성
- 실제 물건 검토 시 기준 적용하며 개선

기준이 주는 심리적 안정감

불안감에서 확신감으로

기준이 없을 때의 심리,

- "혹시 내가 놓치고 있는 건 아닐까?" (불안)
- "전문가가 틀리면 어떻게 하지?" (의존성)
- "이 결정이 맞을까?" (자신감 부족)

DRIFT 기준이 있을 때의 심리,

- "내 기준으로는 이게 맞아" (확신)
- "충분히 분석했으니 괜찮아" (자신감)
- "설령 시장이 변해도 내 판단은 옳았어" (심리적 안정)

좋은 기준으로 내린 결정은 설령 단기적으로 결과가 좋지 않더라도 후회하지 않게 돼요.

Chapter 9 마무리. 기준은 나침반, 시장은 바다

시장은 거친 바다와 같아요. 때로는 잔잔하고, 때로는 거칠고, 예측하기 어려운 변화가 계속되죠. 하지만 DRIFT라는 나침반이 있으면 어떤 바다에서도 길을 잃지 않아요.

기준이 있는 사람의 5가지 장점

1. **일관성**: 어떤 상황에서도 흔들리지 않는 중심축
2. **효율성**: 빠르고 정확한 의사결정

3. 안정성: 심리적 불안감 최소화

4. 성장성: 경험이 쌓일수록 더 정교해지는 판단력

5. 독립성: 타인에게 의존하지 않는 자립적 사고

기억하세요. **좋은 판단 기준은 시장을 이기는 가장 강력한 무기예요.** 이제 여러분도 DRIFT라는 나침반을 가지고 부동산 시장이라는 바다에서 자신만의 항로를 개척해 나가세요.

시장이 아무리 복잡해 보여도, **기준이 있으면 결국 쉬워져요.** 그리고 그 기준으로 내린 결정들이 쌓여서 여러분만의 성공 스토리가 될 거거든요.

Chapter 10. 결국 살아남는 건 '판단력'이다

섹션 10.1 고수는 어떻게 움직이는가

지금까지 우리는 DRIFT 프레임워크를 통해 부동산을 바라보는 새로운 관점을 배웠고, 실전에서 적용하는 방법도 익혔습니다. 이제 마지막 단계입니다. 진짜 고수들은 어떻게 움직이는지, 그들만의 특별한 비밀이 있는지 살펴보겠습니다.

지난 20여 년간 수많은 부동산 투자자들을 만나면서, 저는 한 가지 분명한 사실을 깨달았습니다. 성공하는 사람들에게는 공통된 패턴이 있다는 것입니다. 그들은 특별한 정보나 운을 가진 게 아니라, 일관된 원칙을 갖고 있었고, 그 원칙을 꾸준히 지켜 나갔습니다.

🎯 고수들의 첫 번째 특징

DRIFT 분석 완료 전까지 절대 서두르지 않는다.

"지금 아니면 안 된다"는 급박함에 휘둘리는 사람들과 달리, 고수들은 항상 여유가 있어 보입니다. 정말 시간이 많아서일까요?

아닙니다. 고수들은 DRIFT 5요소 분석이 완료되기 전까지는 절대 서두르지 않는다는 철칙을 갖고 있기 때문입니다.

DRIFT로 시간을 통제하는 고수들

실세로는 그렇지 않습니다. 고수들도 같은 24시간을 살아가는 평범한 사람들입니다. 다만 그들은 'DRIFT 완성의 힘'을 알고 있습니다.

"Data 수집이 끝나기 전에는 움직이지 않고, Thinking 검증이 완료되기 전에는 결정하지 않는다"

이것이 고수들의 DRIFT 철학입니다. 모든 사람이 급하게 움직일 때는 오히려 신중하게 5요소를 분석하고, 모든 사람이 망설일 때는 완성된 DRIFT 분석을 바탕으로 과감하게 결정합니다.

실제 사례를 들어보겠습니다. 제가 아는 투자 고수 김씨는 2020년 코로나 초기 상황을 이렇게 분석했습니다:

김씨의 DRIFT 분석 과정:

- D(Data): 6개월간 거래량·가격 데이터 수집 완료 후 판단
- R(Regulation): 정부 정책 방향성이 명확해질 때까지 대기
- I(Infrastructure): 기존 개발 계획 변동 여부 확인 완료
- F(Flow): 시장 심리 안정화 신호 포착 후 행동
- T(Thinking): 공포와 탐욕 제거한 냉정한 분석 완료

그 결과 남들이 망설이는 2020년 하반기에 과감하게 투자해서 30% 수익을 거뒀습니다. DRIFT 5요소가 모두 완성되었기 때문에 확신을 갖고 움직일 수 있었던 것입니다.

DRIFT로 본 고수들의 시간 관리

D(Data): 고수들은 데이터를 급하게 수집하지 않습니다. 평상시에 꾸준히 시장 데이터를 모니터링하고 축적합니다.

R(Regulation): 정책 발표가 나올 때마다 우왕좌왕하지 않습니다. 이미 여러 시나리오를 준비해 두었기 때문입니다.

I(Infrastructure): 입지의 변화는 하루아침에 일어나지 않는다는 걸 압니다. 그래서 서두르지 않고 장기적 관점으로 접근합니다.

F(Flow): 시장 흐름의 전환점을 기다릴 줄 압니다. 남들이 열광할 때 냉정함을 유지하고, 남들이 절망할 때 기회를 찾습니다.

T(Thinking): 감정적 판단을 배제하고 논리적 사고를 유지합니다. 특히 시간에 쫓길 때일수록 더욱 냉정해 집니다.

💡 오늘부터 실천해보세요

- 부동산 관련 뉴스를 볼 때 "지금 당장 해야 한다"는 표현이 나오면 일단 하루 기다려보세요
- 급한 결정을 요구 받으면 "하루만 시간을 달라"고 말하는 습관을 기르세요

🎯 고수들의 두 번째 특징

DRIFT 5요소가 통합된 자신만의 체크리스트가 있다.

고수들은 절대 감으로 투자하지 않습니다. 그들에게는 수년간 다듬어 온 DRIFT 기반의 체계적 판단 기준이 있습니다.

체계적 기준의 힘 - 왜 DRIFT 체크리스트가 필요한가?

지난 20여 년 경력의 박씨는 이렇게 말합니다.

"처음에는 감으로 투자했어요. 그런데 몇 번 실패하고 나서 깨달았죠. DRIFT 5요소를 체계적으로 점검하지 않으면 늘 불안하고, 결과도 들쭉날쭉하다는 걸요. 그래서 나만의 DRIFT 체크리스트를 만들었어요."

고수들이 DRIFT 체크리스트를 만드는 이유,

1. D(Data) 감정 배제: 숫자와 데이터로 객관적 판단
2. R(Regulation) 일관성: 정책 변화에도 흔들리지 않는 기준
3. I(Infrastructure) 누락 방지: 입지의 모든 요소를 빠짐없이 검토
4. F(Flow) 흐름 파악: 시장 수급을 체계적으로 분석
5. T(Thinking) 자신감: 논리적 분석을 통한 확신 있는 결정

DRIFT 체크리스트 없이 투자하는 것은 나침반 없이 항해하는 것과 같습니다. 목적지에 도착할 수도 있지만, 운에 의존하게 되고 같은 성공을 반복하기 어려워집니다.

체크리스트의 진화

중요한 건 이 체크리스트가 **고정불변이 아니라는** 점입니다. 고수들은 시장 변화와 자신의 경험에 따라 지속적으로 체크리스트를 업데이트합니다.

실패했을 때는 "어떤 체크 포인트가 부족했는지" 분석하고, 성공했을 때는 "어떤 요소가 핵심이었는지" 파악해서 체크리스트를 더욱 정교하게 만들어갑니다.

🎯 고수들의 세 번째 특징

실패를 두려워하지 않는다.

가장 놀라운 건, 고수들도 실패한다는 점입니다. 하지만 그들은 **실패하는 방식이 다릅니다**.

작은 실패로 큰 실패를 막는 마인드셋

제가 아는 고수 이씨의 실제 철학입니다.

"2018년에 강남 재건축 아파트에 투자했는데, 예상보다 수익률이 낮았어요. 하지만 그때 "왜 실패했는지"를 냉정하게 분석했죠. 그 덕분에 2020년에는 더 좋은 기회를 잡을 수 있었습니다."

고수들의 실패 관리 철학,

1. **실패는 학습이다.**

    실패를 통해 판단 기준을 더욱 정교하게 만든다.

2. **규모를 통제한다.**

    전 재산을 걸지 않고, 감당 가능한 범위 내에서 투자

3. **감정과 분리한다.**

    실패에 매몰되지 않고 객관적으로 분석

4. **빠르게 인정한다.**

    실수를 인정하고 신속하게 다음 기회를 준비

진짜 고수와 초보의 차이는 실패 횟수가 아니라 실패하는 방식입니다. 고수들도 실패하지만, 그 실패를 성장의 밑거름으로 만드는 능력이 다릅니다.

💡 실패 관리 실천법

- 투자 금액을 전체 자산의 30% 이내로 제한하세요.
- 실패했을 때는 감정적으로 반응하지 말고 3일 후에 분석하세요.

🎯 고수들의 네 번째 특징

DRIFT 검증을 거치지 않은 남의 말에 흔들리지 않는다.

"전문가가 이렇게 말하던데", "뉴스에서 저렇게 나오던데"

고수들은 이런 외부 정보에 휘둘리지 않습니다. 그들은 DRIFT 프레임워크로 검증된 자신만의 판단 기준을 신뢰하고, 그 기준에 따라 행동합니다.

DRIFT 필터링으로 정보를 소비하는 방식

- 초보자: 정보 → 혼란 → 의존 → 후회
- 고수: 정보 → DRIFT 검증 → 선별 → 활용

고수들도 정보를 많이 수집합니다. 하지만 그 정보를 DRIFT 프레임워크를 통해 걸러내고 검증합니다.

예를 들어, "○○ 지역이 오를 것"이라는 전문가 의견을 들었을 때,

- D(Data): 해당 지역의 실제 데이터는 이 주장을 뒷받침하는가?

- R(Regulation): 관련 정책 변화가 실제로 있는가?

- I(Infrastructure): 인프라 개선 계획이 확정된 것인가?

- F(Flow): 시장 흐름상 타당한 예측인가?

- T(Thinking): 감정적 판단이나 이해관계가 섞여있지는 않은가?

이런 DRIFT 검증을 거친 후 에야 의사결정에 반영합니다. 검증을 통과하지 못한 정보는 과감히 무시합니다.

🎯 고수들의 다섯 번째 특징

DRIFT 장기 트렌드 분석으로 10년을 내다본다.

진짜 고수들은 DRIFT의 각 요소를 장기적 관점에서 분석하여 10년, 20년 후를 내다보고 투자합니다. 단기적 등락에 일희일비하지 않습니다.

DRIFT로 시간을 내 편으로 만드는 법

제가 아는 고수 최씨의 DRIFT 장기 전략입니다.

"부동산은 시간이 돈을 벌어주는 투자예요. 급하게 벌려고 하면 오히려 잃게 됩니다. DRIFT 각 요소의 장기 트렌드를 분석해서 시간의 힘을 믿고 기다릴 줄 알아야 해요."

고수들이 주목하는 DRIFT 장기 트렌드,

- D(Data): 단기 가격 변동보다는 10년 단위 가치 증가 패턴

- R(Regulation): 정책의 일시적 변화보다는 정부의 장기 부동산 정책 방향

- I(Infrastructure): 현재 편의성보다는 5-10년 후 완성될 인프라 계획

- F(Flow): 인구 변화 추세, 산업 구조 변화, 라이프스타일 변화 등 거시적 흐름

- T(Thinking): 감정적 단기 판단이 아닌 논리적 장기 전망

이런 거시적 DRIFT 흐름을 분석해서 장기 전략을 세우기 때문에, 시장의 단기 변동에 흔들리지 않고 시간을 내 편으로 만들 수 있습니다.

🎯 진짜 고수가 되는 DRIFT 마스터 로드맵

지금까지 살펴본 고수들의 특징을 정리하면,

1. DRIFT 완성 우선: 5요소 분석 완료 전까지 절대 서두르지 않는 여유

2. DRIFT 체크리스트: 체계적인 5요소 통합 판단 기준

3. DRIFT 학습 마인드: 실패를 통해 프레임워크를 더욱 정교화하는 태도

4. DRIFT 검증 시스템: 외부 정보를 5요소로 걸러내는 독립적 사고

5. DRIFT 장기 전망: 각 요소의 거시적 트렌드를 분석하는 안목

여러분도 지금부터 이런 DRIFT 기반 습관들을 하나씩 만들어가세요. 하루아침에 고수가 될 수는 없지만, 올바른 DRIFT 방향으로 꾸준히 가다 보면 분명 고수가 될 수 있습니다.

중요한 건 DRIFT 프레임워크를 자신만의 것으로 만드는 것입니다. 처음에는 어색하고 번거로울 수 있지만, 계속 사용하다 보면 자연스럽게 몸에 배게 됩니다.

그리고 기억하세요. 고수들도 처음에는 모두 초보였습니다. 다만 그들은 올바른 DRIFT 기준을 갖고 꾸준히 실천했을 뿐입니다.

이제 여러분도 그 길에 첫발을 내디뎠습니다. DRIFT와 함께 라면, 여러분도 분명 부동산 고수가 될 수 있을 거예요.

💡 오늘부터 DRIFT 고수 되기 실천 법

- 부동산 뉴스를 볼 때 "DRIFT 5요소로 검증해 봐야지" 생각하는 습관 기르기

- 급한 투자 결정을 요구 받으면 "DRIFT 분석 완료 후에" 답하는 용기 갖기

- 전문가 조언을 들을 때 "이것을 DRIFT로 어떻게 검증할까?" 질문하기

섹션 10.2 기준을 유지하는 힘, 전략의 축

좋은 기준을 세우는 것도 중요하지만, 그 기준을 흔들리지 않고 지켜나가는 것은 더욱 어려운 일입니다. 시장이 요동칠 때, 주변에서 다른 얘기를 할 때, 언론에서 위기론을 쏟아낼 때도 자신의 기준을 굳건히 지킬 수 있어야 진짜 고수가 됩니다.

지난 20여 년간 수많은 투자자들을 상담하면서 느낀 점이 있습니다. "**기준을 세우는 건 며칠이면 되지만, 그 기준을 지키는 건 평생의 과제**"라는 것입니다. 오늘은 어떻게 하면 흔들리지 않는 전략의 축을 만들 수 있는지 구체적으로 알아보겠습니다.

🚨 기준이 흔들리는 3가지 위험 신호

먼저 언제 우리의 기준이 흔들리는지 살펴봅시다. 적을 알아야 대비할 수 있으니까요.

위험 신호 1. 급등하는 시장의 유혹

"어? 내가 포기한 그 지역이 갑자기 오르네?"

2020년 하반기, 부동산 시장이 급등할 때 많은 분들이 이런 경험을 하셨을 거예요. 자신의 DRIFT 기준에 맞지 않아 포기했던 물건들이 갑자기 오르기 시작하니까 '내 기준이 틀렸나?' 하는 의심이 들기 시작합니다.

실제 사례로 검증해보겠습니다.

박씨는 2020년 초 강남의 한 아파트를 검토했습니다. DRIFT 분석 결과,

- D(Data): 주변 시세 대비 20% 이상 비쌈 ✗

- R(Regulation): 종합부동산세 강화 예정 ✗

- I(Infrastructure): 특별한 호재 없음 ✗

- F(Flow): 매물량 급증으로 공급 과잉 우려 ✗

- T(Thinking): 감정적 프리미엄이 과도하게 반영됨 ✗

DRIFT 종합 점수: 5점 중 0점 - 당연히 포기했습니다.

그런데 몇 달 후 그 아파트가 30% 올랐어요. 박씨는 크게 후회했습니다. "내 기준이 틀렸나?"

하지만 2021년 말 어떻게 됐을까요? 그 아파트는 다시 원래 수준으로 떨어졌습니다. 박씨의 DRIFT 분석이 옳았던 거죠. 단지 타이밍이 예상보다 늦었을 뿐입니다.

위험 신호 2. 하락장의 공포와 의심

시장이 하락할 때는 '내가 너무 성급했나?' 하는 의심이 듭니다.

아파트 투자 사례: 김씨는 2021년 초 DRIFT 분석을 통해 경기도 신도시 아파트를 매수했습니다:

- D: 주변 시세 대비 적정가격 ✅

- R: 1주택자 우대 정책 수혜 ✅

- I: 3년 내 GTX 개통 확정 ✅

- F: 입주 물량 대비 수요 풍부 ✅
- T: 장기 거주 목적으로 감정 배제 ✅

오피스텔 투자 사례: 이씨는 같은 시기 강남 오피스텔을 DRIFT로 분석했습니다:

- D: 임대수익률 4.5% 확보 ✅
- R: 원룸 규제로 대체 수요 증가 ✅
- I: 지하철 2개 노선 교차점 ✅
- F: 1인 가구 증가 트렌드 ✅
- T: 관리 편의성까지 고려한 냉정한 판단 ✅

상가 투자 사례: 최씨는 골목상권 상가를 DRIFT로 검토했습니다:

- D: 주변 상가 대비 임대료 합리적 ✅
- R: 젠트리피케이션 방지책 확인 ✅
- I: 유동인구 증가 요인 다수 ✅
- F: 소상공인 창업 트렌드 부합 ✅
- T: 공실 위험까지 고려한 보수적 계산 ✅

DRIFT 종합 점수: 모두 5점 중 5점 - 확신을 갖고 투자했습니다.

그런데 몇 달 후 시장 조정이 시작됐습니다. "아, 좀 더 기다릴 걸…"

하지만 이들은 모두 자신의 DRIFT 기준을 믿고 기다렸습니다. 그리고 2년 후, 각각의 투자가 예상대로 좋은 성과를 거뒀습니다. DRIFT 분석이 투자 유형에 관계없이 유효하다는 것이 입증된 것입니다.

위험 신호 3. 주변의 달콤한 잡음

"요즘 ○○이 대세 래", "전문가가 그러는데…"

가장 견디기 어려운 건 주변의 잡음입니다. 특히 가까운 사람들이 다른 이야기를 할 때는 더욱 흔들리기 쉽습니다.

💡 잡음 차단 훈련 법

- 투자 조언을 들을 때는 반드시 "DRIFT로 분석해봤나요?"라고 질문하세요
- 구체적 근거 없는 조언은 정중히 들었다는 표현만 하고 넘어가세요

🛡 흔들리지 않는 전략의 축 4단계 구축 법

1단계. 나만의 DRIFT 투자헌법 제정

헌법은 함부로 바꿀 수 없습니다. 여러분도 자신만의 '투자 헌법'을 만드세요.

📜 [내 이름]의 부동산 투자 헌법

제1조: 모든 투자는 DRIFT 5요소 분석을 통과해야 한다.

제2조: 감정적 판단은 24시간 유예 후 재검토한다.

제3조: 주변의 조언은 참고만 하고 최종 결정은 내 기준으로 한다.

제4조: 시장 상황에 관계없이 위험 관리 원칙을 지킨다.

제5조: 실패는 학습 기회로 받아들이고 기준 개선에 활용한다.

투자헌법 서명: _____ 날짜: _____

💡 즉시 실행하세요

- 지금 당장 위 헌법을 손으로 직접 써보세요.
- 휴대폰 사진으로 찍어서 배경화면으로 설정하세요.
- 부동산을 볼 때마다 먼저 헌법부터 읽어보세요.

2단계. DRIFT 점검 루틴 시스템화

기준을 유지하려면 정기적인 점검이 필요합니다. 고수들은 이를 시스템화 해둡니다.

월간 DRIFT 점검 루틴의 원리

📊 D(Data): 관심 지역의 시장 데이터를 정기적으로 업데이트

📋 R(Regulation): 새로운 정책 변화를 지속적으로 모니터링

🏠 I(Infrastructure): 지역별 개발 계획의 진행 상황 확인

✅ F(Flow): 수급 상황과 시장 흐름의 변화 추적

🧠 T(Thinking): 내 감정 상태와 판단력을 객관적으로 점검

분기별 전략 재점검 시스템:

- 기존 투자 성과를 냉정하게 평가
- DRIFT 기준의 적절성을 재검토
- 향후 전략 수정 방향 설정

이런 루틴을 만들어두면 시장 변화에 흔들리지 않고 능동적으로 대응할 수 있습니다. **중요한 건 완벽한 체크리스트가 아니라 꾸준한 점검 습관**입니다.

3단계. 성공·실패 경험의 체계적 축적

자신감을 잃을 때 가장 좋은 치료제는 과거의 성공 경험입니다. 고수들은 이를 체계적으로 기록하고 활용합니다.

성공 사례 축적 시스템

- **핵심 정보**: 물건 정보, DRIFT 분석 결과, 당시 상황
- **결과 기록**: 투자 성과, 예상 대비 실제 결과
- **교훈 도출**: 성공 요인과 앞으로 적용할 인사이트

실패 사례 학습 시스템

- 문제점 분석: 어떤 DRIFT 요소에서 실수했는지 파악
- 상황 복기: 당시 감정 상태와 외부 압박 요인
- 개선 방안: 같은 실수를 반복하지 않기 위한 구체적 대책

이런 기록들이 쌓이면, 어려운 순간에도 내 기준에 대한 확신을 가질 수 있습니다. 특히 시장이 요동칠 때 과거의 성공 경험이 든든한 버팀목이 되어줍니다.

실패도 마찬가지입니다. 실패를 통해 배운 교훈들은 앞으로 같은 실수를 반복하지 않게 해주는 백신 역할을 합니다.

4단계. 위기 대응 매뉴얼 작성

기준이 흔들릴 때를 대비한 비상 매뉴얼을 만들어두세요.

🆘 **투자 유형별 위기 대응 시스템**

기준이 흔들릴 때를 대비한 투자 유형별 맞춤 대응 시스템이 필요합니다.

아파트 투자자의 위기 대응 사례

위기 상황: 2022년 금리 인상으로 아파트 가격 하락 박씨의 DRIFT 4단계 대응

1. 응급처치: 급매 유혹을 24시간 법칙으로 차단
2. 재진단: Infrastructure(GTX 개통), Flow(장기 인구 유입) 재확인

3. **검증**: 부동산 전문가와 "장기 보유 시 손실 가능성" 상의

   4. **최종 확인**: 5년간 보유해도 생활에 지장 없음을 재점검

결과: 2년 후 GTX 개통과 함께 20% 상승

오피스텔 투자자의 위기 대응 사례

위기 상황: 코로나로 인한 재택근무 확산과 오피스텔 공실 증가 **이씨의** DRIFT 4단계 대응

   1. **응급처치**: 임대료 인하 압박에 즉시 반응하지 않고 시간 확보

   2. **재진단**: Data(1인 가구 증가), Flow(장기 주거 트렌드) 재분석

   3. **검증**: 부동산 관리 전문가와 "적정 임대료 수준" 논의

   4. **최종 확인**: 일시적 공실도 감당 가능한 자금 여력 재점검

결과: 6개월 후 재택근무족의 별도 업무공간 수요로 임대 성공

상가 투자자의 위기 대응 사례

위기 상황: 온라인 쇼핑 확산으로 인근 상가들 공실률 증가 **최씨의** DRIFT 4단계 대응

   1. **응급처치**: 패닉셀 충동을 억제하고 냉정한 분석 시간 확보

   2. **재진단**: Infrastructure(유동인구), Flow(체험형 매장 트렌드) 재검토

   3. **검증**: 상권 분석 전문가와 "업종 전환 가능성" 검토

4. **최종 확인**: 업종 변경 시에도 수익성 확보 가능 여부 점검

결과: 기존 의류매장을 카페로 업종 변경하여 안정적 임대수익 확보

핵심 교훈: 투자 유형이 달라도 DRIFT 4단계 대응 프로세스는 동일하게 적용되며, 각 유형별 특성을 고려한 맞춤 분석이 성공의 열쇠입니다.

🔑 전략의 축 강화 시스템

시스템 1. 투자 유형별 맞춤 학습 체계

시장은 계속 변합니다. 내 기준도 투자 유형에 맞춰 진화해야 합니다.

아파트 투자자를 위한 학습 시스템

- **정책 학습**: 재건축·재개발, 분양가상한제, 1주택자 혜택 정책
- **사례 연구**: 성공한 아파트 투자자들의 입지 선택 노하우
- **실패 분석**: 아파트 투자 실패 사례의 공통점 (과도한 레버리지, 입지 오판 등)
- **트렌드 파악**: 세대별 아파트 선호도 변화, 신도시 vs 기존 도심

오피스텔 투자자를 위한 학습 시스템

- **정책 학습**: 원룸 규제, 임대사업자 등록제, 소형 주택 정책 변화
- **사례 연구**: 높은 수익률을 유지하는 오피스텔의 특징 분석
- **실패 분석**: 공실 장기화 사례의 원인 (교통 불편, 주변 환경, 관리 상태)

- **트렌드 파악**: 1인 가구 증가, 재택근무 확산, 라이프스타일 변화

상가 투자자를 위한 학습 시스템

- **정책 학습**: 젠트리피케이션 방지책, 상가임대차보호법, 권리금 보호 제도
- **사례 연구**: 안정적 임대수익을 내는 상가의 입지·업종 분석
- **실패 분석**: 상가 투자 실패의 주요 원인 (유동인구 감소, 업종 트렌드 변화)
- **트렌드 파악**: 온라인 쇼핑 확산, 체험형 매장 증가, 골목상권 부활

시스템 2. 신뢰 네트워크 구축

혼자서는 한계가 있습니다. 같은 기준을 공유하는 사람들과 네트워크를 만드세요.

네트워크의 4가지 역할:

- **DRIFT 동료**: 종합적 분석을 함께 논의할 수 있는 파트너
- **전문가**: 각 영역별(데이터, 정책, 시장) 전문 지식 제공자
- **멘토**: 전략적 조언과 방향성을 제시해주는 선배
- **학습 그룹**: 정기적으로 DRIFT 스터디를 함께할 동료들

시스템 3. 자동화와 체계화

개인의 의지력에만 의존하지 말고 시스템을 만드세요.

자동화 시스템의 3단계

1. **정보 수집 자동화**: 핵심 정보원 구독, 알림 설정
2. **분석 도구 체계화**: DRIFT 분석 템플릿과 프로세스 표준화
3. **의사결정 시스템화**: 단계별 검증 과정을 루틴으로 구축

시스템 4. 정기 자기 성찰

월간 성찰 프로세스:

- 이번 달 감정적 판단은 없었는지 돌아보기
- DRIFT 기준 적용의 일관성 점검
- 외부 조언에 과도하게 흔들린 경험 분석
- 장기적 관점 유지 여부 확인

이런 시스템들이 갖춰지면, 개인의 의지력에 의존하지 않고도 꾸준히 기준을 유지할 수 있습니다.

🏆 진정한 전략의 축이란

지금까지 기준을 유지하는 여러 방법들을 알아봤습니다. 하지만 가장 중요한 건 **내면의 확신**입니다.

진정한 전략의 축은 외부에서 주어지는 게 아닙니다. 오랜 경험과 학습, 그리고 시행착오를 통해 내 안에서 만들어지는 것입니다.

DRIFT 프레임워크는 그 확신을 만들어가는 도구일 뿐입니다. 중요한 건 여러분이 이 도구를 사용해서 **자신만의 투자 철학**을 만들어가는 것입니다.

💪 마지막 격려의 말씀

기준을 유지하는 것은 쉽지 않습니다. 때로는 외롭고, 때로는 의심스러울 수도 있어요. 하지만 기억하세요.

진짜 고수들은 모두 이런 시스템을 **구축해왔습니다.** 그들도 처음에는 흔들렸고, 실수도 했고, 후회도 했습니다. 하지만 포기하지 않고 자신만의 시스템을 만들어갔고, 그 시스템을 꾸준히 운영했기 때문에 지금의 자리에 올 수 있었습니다.

여러분도 분명 할 수 있습니다. DRIFT와 함께, 그리고 흔들리지 않는 시스템이 있다면 말이에요.

이제 마지막 단계만 남았습니다. 지금까지 배운 고수의 특징과 유지 시스템을 하나로 통합한 완전한 실행 도구를 만드는 것입니다.

섹션 10.3 당신의 DRIFT 기준을 완성하는 체크리스트

드디어 마지막 단계입니다. 지금까지 고수들의 특징을 배우고(10-1), 기준을 유지하는 시스템을 구축했으니(10-2), 이제 모든 것을 하나로 통합한 완전한 DRIFT 실행 도구를 만들어보겠습니다.

이 체크리스트는 앞으로 여러분이 부동산 관련 결정을 내릴 때마다 사용하게 될 **평생의 동반자**가 될 것입니다.

지난 20여 년간 수많은 상담을 하면서 깨달은 게 있습니다. **좋은 체크리스트 하나가 수십 번의 조언보다 더 효과적**이라는 것입니다. 왜냐하면 체크리스트는 언제든지 여러분 곁에 있으면서, 냉정하고 객관적인 판단을 도와주기 때문입니다.

이제 고수의 특징과 유지 시스템을 실제 사용 가능한 도구로 완성해 보겠습니다.

⚡ 3분 DRIFT 체크 (간단 버전)

바쁘거나 급할 때 사용하는 핵심 5문항 체크리스트

시간이 부족하거나 간단한 검토가 필요할 때는 이 "3분 DRIFT 체크"를 사용하세요. 핵심만 압축한 버전으로, 빠른 판단이 필요한 상황에서 유용합니다.

🚀 3분 DRIFT 체크리스트

⏰ 3분 DRIFT 체크 ⏰

📊 D(Data): 가격이 주변 시세 대비 적정한가? ☐Yes ☐No

_____

📋 R(Regulation): 현재 정책이 불리하지 않은가? ☐Yes ☐No

_____

🏫 I(Infrastructure): 교통이나 편의시설이 괜찮은가? ☐Yes ☐No

_____

✅ F(Flow): 이 지역이 상승 흐름에 있는가? ☐Yes ☐No

_____

🧠 T(Thinking): 감정 배제하고 냉정히 봐도 좋은가? ☐Yes ☐No

_____

결과: ☐ 5개 모두 Yes → 진행 검토

☐ 4개 Yes → 신중 검토

☐ 3개 이하 → 재검토 필요

⚠️ 3분 체크 활용 시 주의사항

1. **임시 도구입니다**: 이것은 빠른 1차 스크리닝용 입니다. 큰 투자 결정에는 반드시 상세 체크리스트를 사용하세요.

2. **"No" 하나라도 있으면 주의**: 한 항목이라도 "No"가 나오면 상세 분석이 필요합니다.

3. **감정 상태 체크 필수**: 특히 T(Thinking) 항목은 급할 때일수록 더 신중하게 점검하세요.

💡 3분 체크 활용 상황

- 급하게 매물을 봐야 할 때
- 현장에서 즉석 판단이 필요할 때
- 가족과 함께 빠른 토론이 필요할 때
- 중개사와 초기 상담할 때

기억하세요: 3분 체크는 "탈락" 시키는 도구입니다. 여기서 통과한 매물만 상세 DRIFT 체크리스트로 정밀 분석하세요.

🎯 DRIFT 마스터 체크리스트 완성하기

📊 D(Data) - 데이터 분석 체크리스트

✅ 기본 데이터 수집 (필수 항목)

🏅 가격 정보

- 해당 물건의 실거래가 확인 (최근 6개월)
- 주변 유사 물건 시세 비교 (±10% 범위 확인)
- 시세 대비 적정성 평가 (과도한 프리미엄 없는지)
- 호가 vs 실거래가 차이 분석 (10% 이내 권장)

📈 거래량 분석

- 해당 지역 최근 1년간 거래량 추이
- 계절별 거래 패턴 확인 (성수기/비수기)
- 매물 소화 속도 (평균 매매 기간 3개월 이내)
- 급매물 비중 (20% 이하 권장)

💵 수익성 분석

- 예상 임대수익률 계산 (최소 2.5% 이상)
- 보유세 및 관리비 포함한 실수익률
- 매도 시 예상 수익률 (5년 기준 연 5% 이상)

- 월세 vs 전세 수익률 비교

🔍 심화 데이터 분석 (투자용)

📊 시장 지표

- PIR(소득 대비 주택가격 비율) 적정 수준 확인
- 전세가율 70% 이하 확인
- 공급/수요 균형 지표 (1.0 근처 권장)
- 지역별 가격 상승률 vs 전국 평균 비교

⚠️ 위험 요소

- 레버리지 비율 (LTV 70% 이하 권장)
- 유동성 위험 (급매물 비중 확인)
- 가격 변동성 (최근 3년 변동 폭 20% 이내)
- 미분양 물량 영향도

✅ 데이터 신뢰성 확인

- 정보 출처의 신뢰성 검증 (공식 기관 자료 우선)
- 최신 데이터 여부 확인 (3개월 이내)
- 복수 출처를 통한 교차 검증 완료

📄 D(Data) 점수 계산

- 기본 데이터 (40점): ___/40점
- 심화 분석 (40점): ___/40점
- 신뢰성 (20점): ___/20점
- D 총점: ___/100점

🏛 R(Regulation) - 정책 분석 체크리스트

✅ **현행 정책 영향도 분석**

🏷 **세금 정책**

- 종합부동산세 대상 여부 및 예상 세액
- 양도소득세 중과 대상 여부 (단기보유, 다주택)
- 취득세 및 등록세 부담 수준 계산
- 1주택자 혜택 적용 가능 여부

📊 **대출 정책**

- DSR 규제 적용 여부 및 한도 확인
- LTV 한도 및 적용 조건 검토
- 대출 금리 및 상환 조건 비교

- 신혼부부·생애최초 특례 활용 가능 여부

🏠 공급 정책

- 분양가상한제 적용 지역 여부
- 재건축 초과이익 환수제 영향도
- 공공주택 공급 계획 확인
- 용적률·건폐율 규제 변화 가능성

🔮 정책 변화 리스크 분석

📅 예상 정책 변화

- 향후 1년 내 정책 변화 가능성 검토
- 새 정부 부동산 정책 방향성 분석
- 지방자치단체별 특별 규제 현황
- 국제 경제 상황에 따른 정책 변화 리스크

🛡 정책 대응 전략

- 규제 강화 시 대응 방안 수립
- 규제 완화 시 기회 활용 방안
- 정책 변화에 따른 출구 전략
- 세제 혜택 극대화 방안

📋 R(Regulation) 점수 계산

- 현행 정책 (60점): ___/60점
- 정책 변화 대응 (40점): ___/40점
- R 총점: ___/100점

🏬 I(Infrastructure) - 인프라 분석 체크리스트

✅ 교통 인프라

🚇 대중교통 접근성

- 지하철역까지 도보 거리 (15분 이내 권장)
- 버스 노선 다양성 및 배차 간격 (10분 이내)
- 출퇴근 시간대 교통 상황 실제 체험
- 심야 교통편 이용 가능성

🚗 도로 교통망

- 주요 간선도로 접근성 (자차 10분 이내)
- 교통 체증 심각도 (러시아워 실제 확인)
- 주차 시설 충분성 (세대당 1.2대 이상)
- 주차비 부담 수준

🚀 미래 교통망

- 5년 내 신규 교통망 개발 계획 확인
- GTX, 지하철 연장 계획 구체성
- 도로 확장 및 신설 계획
- 자율주행차 대응 인프라 계획

🏫 생활 인프라

📚 교육 시설

- 학군 수준 및 안정성 (전국 상위 30% 이상)
- 초중고 통학 거리 (도보 20분 이내)
- 사교육 환경 (학원가 접근성)
- 대학 진학률 및 교육 만족도

🏪 편의 시설

- 대형마트, 병원 접근성 (차량 20분 이내)
- 금융기관, 관공서 접근성 (도보 30분 이내)
- 문화, 체육 시설 보유 (도서관, 체육관 등)
- 공원, 산책로 등 녹지 공간

🛡️ **안전성**

- 치안 상태 및 범죄율 (지역별 통계 확인)
- 자연재해 위험도 (침수, 산사태 등)
- 소음, 분진 등 환경 요인
- 응급상황 대응 체계

📋 **I(Infrastructure) 점수 계산**

- 교통 인프라 (40점): ___/40점
- 생활 인프라 (40점): ___/40점
- 안전성 (20점): ___/20점
- I 총점: ___/100점

🌊 **F(Flow) - 시장 흐름 분석 체크리스트**

✅ **수요 흐름 분석**

👥 **인구 변화**

- 해당 지역 인구 증감 추세 (최근 5년)
- 연령대별 인구 구성 변화 (20-40대 비중)
- 가구 수 변화 및 가구원 수 변화

- 유입 인구의 소득 수준 및 직업

💼 경제 활동

- 신규 사업체 입주 현황 (연간 증가율)
- 고용 창출 효과 (일자리 증가율)
- 소득 수준 변화 (지역별 평균 소득)
- 주요 산업 클러스터 형성 여부

🏠 라이프스타일 변화

- 주거 선호도 변화 트렌드 파악
- 재택근무 등 업무 패턴 변화 영향
- 세대별 주거 니즈 차이 분석
- 1인 가구 증가 등 가구 형태 변화

🏠 공급 흐름 분석

🆕 신규 공급

- 향후 3년간 신규 분양 계획 (세대 수)
- 재건축, 재개발 추진 현황
- 신도시 개발 등 대규모 공급 계획
- 공급 시기별 분산 정도

🗓 기존 주택 현황

- 노후 주택 비중 및 개선 필요성
- 빈집, 미분양 현황 (5% 이하 권장)
- 전월세 전환 추세 분석
- 소유자 거주 비율

📊 시장 심리 및 트렌드

💬 시장 분위기

- 매수자 vs 매도자 우위 상황
- 급매물 발생 빈도 (정상 거래의 20% 이하)
- 가격 협상력 정도 (5-10% 협상 가능)
- 매물 노출 기간 (3개월 이내 정상)

💰 투자 트렌드

- 해당 지역 투자 관심도 (검색량, 문의량)
- 외지인 투자 비중 (30% 이하 권장)
- 투자 목적별 수요 분석 (실거주/임대/시세차익)
- 기관 투자 유입 현황

📋 F(Flow) 점수 계산

- 수요 흐름 (40점): ___/40점
- 공급 흐름 (35점): ___/35점
- 시장 심리 (25점): ___/25점
- F 총점: ___/100점

🧠 T(Thinking) - 심리 및 사고 체크리스트

✅ 감정 상태 점검

🎯 객관성 확보

- 감정적 요인에 의한 판단은 아닌가? (냉정하게 재검토)
- 조급함이나 불안감에 영향받고 있지 않나?
- 주변의 압박이나 조언에 흔들리고 있지 않나?
- "지금 아니면 안 된다"는 강박감은 없나?

🔍 확증 편향 제거

- 내가 원하는 정보만 선별적으로 수집하고 있지 않나?
- 반대 의견이나 부정적 정보도 충분히 고려했나?
- 다양한 시나리오를 검토했나? (최선/평균/최악)
- 전문가 의견에 맹목적으로 의존하고 있지 않나?

✅ 논리적 판단

⚠️ 위험 관리

- 최악의 시나리오도 감당할 수 있는 수준인가?
- 분산 투자 원칙을 지키고 있는가? (자산의 30% 이하)
- 유동성 위험은 없는가? (6개월 생활비 확보)
- 대출 상환 능력은 충분한가? (소득의 40% 이하)

🎯 목적 부합성

- 내 투자 목적과 부합하는가? (실거주/임대/시세차익)
- 투자 기간과 목표 수익률이 현실적인가?
- 내 라이프스타일과 맞는가? (출퇴근, 라이프스타일)
- 가족 구성원 모두가 동의하는가?

✅ 장기적 관점

⏰ 지속 가능성

- 5년 후에도 후회하지 않을 선택인가?
- 시장 변화에도 견딜 수 있는 기본기가 있는가?
- 내 인생 계획과 조화를 이루는가?
- 다음 단계(갈아타기, 추가 투자)까지 고려했는가?

📋 T(Thinking) 점수 계산

- 감정 상태 (40점): ___/40점
- 논리적 판단 (35점): ___/35점
- 장기적 관점 (25점): ___/25점
- T 총점: ___/100점

🎯 DRIFT 종합 평가 시스템

📊 점수 기준표 (각 영역별 100점 만점)

점수 구간	평가	의미	권장 액션
90점 이상	매우 우수	강력 추천	즉시 투자 검토
80-89점	우수	추천	긍정적 검토
70-79점	보통	신중 검토	추가 분석 후 결정
60-69점	미흡	재검토 필요	문제점 개선 후 재평가
60점 미만	부적합	투자 중단	다른 대안 검토

📋 DRIFT 종합 점수 계산기

📊 DRIFT 종합 평가표

D(Data): ___점 × 0.2 = ___점

R(Regulation): ___점 × 0.2 = ___점

I(Infrastructure): ___점 × 0.2 = ___점

F(Flow): ___점 × 0.2 = ___점

T(Thinking): ___점 × 0.2 = ___점

총점: ___점 / 100점

🚨 필수 통과 조건 (하나라도 미달 시 투자 중단)

- T(Thinking) 70점 이상 (감정적 판단 배제 필수)
- 전체 영역 중 50점 미만 영역 없음
- 최악 시나리오 시에도 손실 감당 가능
- 가족 구성원 전체 동의 확보

📋 상황별 맞춤 체크리스트

🏠 내 집 마련용 특별 체크리스트

🔍 추가 고려사항

- 실거주 편의성 (출퇴근 시간 1시간 이내)
- 장기 거주 가능성 (최소 5년 이상)
- 가족 구성원 모두의 만족도 확인
- 생애 최초 구매 시 정부 지원 혜택 최대 활용

⚖️ 가중치 조정

- Infrastructure(인프라): 30% (교통, 교육, 편의시설 중요)
- Data(데이터): 25% (가격 적정성)
- Thinking(사고): 20% (장기 거주 관점)
- Flow(흐름): 15% (지역 발전성)
- Regulation(규제): 10% (세제 혜택)

💰 투자용 특별 체크리스트

🔍 추가 고려사항

- 임대 수요 안정성 (공실률 5% 이하)
- 관리 편의성 (관리사무소, 시설 상태)

- 유동성 (매도 시 처분 용이성)
- 세금 효율성 (절세 방안 확보)

⚖️ 가중치 조정

- Data(데이터): 30% (수익성, 가격 적정성)
- Flow(흐름): 25% (시장 수급, 임대 수요)
- Regulation(규제): 20% (세금, 대출 규제)
- Infrastructure(인프라): 15% (입지, 교통)
- Thinking(사고): 10% (객관적 판단)

🔄 갈아타기용 특별 체크리스트

🔍 추가 고려사항

- 현재 집 매도 타이밍 적절성
- 신규 구매 후 생활비 부담 증가 정도 (20% 이내)
- 이사 비용 및 기회비용 고려 (총 비용의 5% 이내)
- 기존 집 대비 개선 효과 명확성

⚖️ 가중치 조정

- Infrastructure(인프라): 25% (생활 편의성 개선)
- Data(데이터): 25% (경제적 합리성)

- Thinking(사고): 20% (갈아타기 필요성)
- Flow(흐름): 15% (향후 발전 가능성)
- Regulation(규제): 15% (세금 부담)

🔄 DRIFT 체크리스트 5단계 활용법

1단계: 사전 준비 📋

📍 목표 설정

- 목적 명확화: 내 집 마련/투자/갈아타기 중 선택
- 예산 설정: 구매 가능 금액 및 대출 한도 확인
- 타임라인 설정: 구매 희망 시기 및 여유 기간
- 가족 회의: 구성원 모두의 의견 수렴

2단계: 1차 스크리닝 ⚡ (3분 DRIFT 체크 활용)

🎯 빠른 선별

- 3분 DRIFT 체크 실시: 5개 항목 Yes/No로 빠른 판단
- 3개 이하 Yes → 즉시 탈락
- 4개 Yes → 주의 깊게 관찰
- 5개 Yes → 2차 정밀 분석 진행

- 후보군 선별: 3-5개 후보로 압축

3단계: 정밀 분석 🏛 (상세 DRIFT 체크리스트 활용)

📊 상세 분석

- **완전한 DRIFT 체크리스트 적용**: 모든 항목 꼼꼼히 점검
- 현장 답사: 실제 방문 후 체크리스트 재검토
- 전문가 자문: 필요시 관련 전문가 의견 수렴
- 비교 분석: 후보군 간 장단점 비교

4단계: 최종 결정 ⚡

🎯 의사결정

- DRIFT 점수 산출: 정확한 점수 계산 (85점 이상 목표)
- 감정 요소 재점검: T(Thinking) 영역 재확인
- 가족 최종 동의: 모든 구성원 의견 일치 확인
- 최종 결정: 조건 만족 시 투자 진행

5단계: 사후 관리 ✅

🔄 지속 관리

- 3분 체크로 정기 모니터링: 6개월마다 간단 재평가
- 상세 체크로 연간 점검: 1년마다 완전한 DRIFT 재분석

- 성과 분석: 예상과 실제 결과 비교 분석
- 체크리스트 개선: 경험을 바탕으로 항목 추가/수정

💡 체크리스트 선택 가이드

상황	사용할 체크리스트	소요 시간	용도
현장 즉석 판단	3분 DRIFT 체크	3분	1차 스크리닝
정식 투자 검토	완전한 DRIFT 체크리스트	2-3시간	정밀 분석
정기 점검	3분 DRIFT 체크	3분	간단 모니터링
연간 재평가	완전한 DRIFT 체크리스트	2-3시간	전면 재검토

🎯 DRIFT 마스터가 되기 위한 마지막 조언

이제 여러분에게는 DRIFT라는 강력한 무기가 있습니다. 하지만 무기는 제대로 사용해야 위력을 발휘합니다.

⚠️ 체크리스트 사용 시 주의사항

1. **완벽을 추구하지 마세요**
   - 모든 항목이 완벽할 필요는 없습니다
   - 80점 이상이면 충분히 좋은 선택입니다
   - 100점짜리 매물은 거의 존재하지 않습니다

2. **융통성을 발휘하세요**
   - 특수한 상황에서는 가중치 조정 가능
   - 하지만 기본 원칙은 반드시 지키세요
   - T(Thinking) 70점 미만은 절대 금물

3. **지속적으로 개선하세요**
   - 경험이 쌓일수록 체크리스트도 진화시키세요
   - 실패 사례를 통해 새로운 항목 추가
   - 성공 경험으로 가중치 최적화

4. 감정을 통제하세요

- 체크리스트 결과와 감정이 다를 때는 하루 더 기다리세요
- 객관성을 잃지 않는 것이 가장 중요합니다
- 24시간 법칙을 반드시 지키세요

🏆 성공하는 사람들의 4가지 공통점

지난 20여 년간 수많은 성공 사례를 지켜보면서 발견한 공통점입니다:

1. 기준을 갖고 있었다 (체크리스트 활용)
2. 그 기준을 지켰다 (감정에 휘둘리지 않음)
3. 꾸준히 개선했다 (실패를 통한 학습)
4. 장기적 관점을 유지했다 (조급하지 않음)

여러분도 이 네 가지만 지키신다면 분명 성공할 수 있습니다.

🎓 DRIFT 마스터 인증서

축하합니다! 여러분은 이제 DRIFT 마스터입니다.

📜 DRIFT 마스터 인증서

이 인증서는 _____님이
DRIFT 프레임워크를 성공적으로 학습하고
체계적인 부동산 분석 능력을 갖추었음을
인증합니다.

- ✅ Data: 데이터 기반 의사결정 역량
- ✅ Regulation: 정책 분석 및 대응 능력
- ✅ Infrastructure: 입지 가치 평가 능력
- ✅ Flow: 시장 흐름 분석 능력
- ✅ Thinking: 논리적 사고 및 감정 통제 능력

앞으로도 DRIFT와 함께
성공적인 부동산 여정을 이어가시길 바랍니다.

이동주 교수
날짜: _____

🎯 DRIFT 마스터 여정의 완성

이제 정말 끝입니다. 여러분의 손에는 **고수의 특징(10-1), 유지 시스템(10-2), 그리고 완전한 실행 도구(10-3)**가 모두 갖춰졌습니다.

여러분은 이제 완벽한 DRIFT 마스터입니다:

- ✅ **고수의 마인드셋** - 여유, 기준, 학습, 독립성, 장기 관점
- ✅ **체계적 시스템** - 루틴, 네트워크, 위기 대응, 지속 개선
- ✅ **실전 도구** - 3분 체크 + 완전한 체크리스트 + 평가 시스템

특히 이제 상황에 맞는 도구를 선택할 수 있습니다:

- **급할 때**: 3분 DRIFT 체크로 빠른 스크리닝
- **중요한 결정**: 완전한 DRIFT 체크리스트로 정밀 분석
- **정기 점검**: 3분 체크로 간편 모니터링
- **연간 재평가**: 상세 체크리스트로 전면 재검토

이것만 있으면 더 이상 남의 말에 흔들리지 않고, **확신을 갖고 결정할 수 있습니다.**

💪 마지막 미션

지금 당장 해보세요:

1. **3분 DRIFT 체크를 스마트폰에 메모해두세요** (언제든 즉석 활용)

2. 완전한 체크리스트를 프린트해서 지갑에 넣어두세요 (정식 검토용)

3. 휴대폰에 "DRIFT 체크" 알림을 설정하세요 (정기 점검용)

4. 다음에 부동산을 볼 때 상황에 맞는 체크리스트를 사용하세요

당신의 성공적인 부동산 투자를 응원합니다!

"기준 하나면 모든 게 보인다" - 완

에필로그: 기준이 만드는 인생의 힘

"투자의 성공은 정보의 양이 아니라, 판단의 질에서 결정된다."

하나의 기준이 바꾼 인생들

지난 20여 년 동안 수천 명의 부동산 고민을 들으며 깨달은 사실이 있습니다. 성공한 사람들은 정보를 더 많이 가진 사람이 아니라, **명확한 기준을 가진 사람**이었다는 점입니다.

한 투자자는 10여 년 전 강남 재개발 호재가 쏟아질 때도 DRIFT의 정책(R)과 인프라(I)를 분석하며 "아직 아니다"라고 판단했습니다. 주변에서는 "기회를 놓쳤다"고 했지만, 2년 뒤 그는 훨씬 더 좋은 조건으로 매입할 수 있었습니다.

또 다른 투자자는 2008년 금융위기 직후, 모두가 주저하던 시기에 흐름(F)과 데이터(D)를 근거로 과감히 선택했고, 그 결정이 인생을 바꿨습니다.

차이는 정보가 아니었습니다. 기준이었습니다.

부동산을 넘어 인생으로

명확한 기준을 가진 사람들은 부동산 뿐 아니라 인생의 중요한 순간에도 흔들리지 않았습니다. 직장 선택, 자녀 교육, 은퇴 설계까지— 혼란스러운 세상에서도 자신만의 나침반을 갖고 있었죠.

DRIFT는 단순한 부동산 분석 도구가 아닙니다. 복잡한 세상을 명확하게 바라보게 하는 사고의 프레임 워크입니다.

- D(Data): 감정이 아닌 사실에 기반해 판단하는 습관
- R(Regulation): 변화하는 환경의 규칙을 읽어내는 통찰력
- I(Infrastructure): 장기적 관점에서 본질을 보는 시야
- F(Flow): 겉모습이 아닌 진짜 흐름을 파악하는 직관
- T(Thinking): 군중심리에 휘둘리지 않는 독립적 사고

이 기준은 시장의 소음에도 흔들리지 않게 하고, 남의 말이 아닌 **자신의 확신으로 선택**하게 만듭니다.

시대가 변해도 변하지 않는 것

우리는 지금 예측 불가능한 시대를 살고 있습니다. AI가 일자리를 바꾸고, 정책은 하루가 다르게 변하며, 세계의 흐름은 시시각각 요동칩니다.

하지만 역사는 말합니다. 1920년대 대공황, 1970년대 오일쇼크, 2008년 금융위기— 어떤 시대에도 좋은 기준을 가진 사람은 살아남았다는 것을.

DRIFT는 그런 시대를 초월한 기준을 만드는 출발점입니다.

여러분 만의 DRIFT를 완성하세요

이 책에서 제시한 DRIFT는 시작점일 뿐입니다. 여러분은 자신의 상황과 성향에 맞게 이를 더 정교하게 발전시켜야 합니다.

- 보수적 성향이라면 I(인프라)에 더 큰 가중치를

- 적극적 투자자라면 F(흐름)을 더 민감하게
- 데이터 중심이라면 D(Data)를 더 정교하게 활용할 수 있습니다

중요한 건 **나만의 DRIFT를 완성해가는 것**입니다.

기준이 주는 진짜 선물

명확한 기준을 가지면 놀라운 일이 일어납니다. 남의 말에 휘둘리지 않고, 확신 있는 선택을 하며, 결과에 후회하지 않게 됩니다.

무엇보다, 내 인생의 주인이 됩니다.

마지막 질문

이 책을 덮기 전, 스스로에게 물어보세요.

"나는 어떤 기준으로 내 삶을 선택하고 있는가?"

만약 명확한 답이 떠오르지 않는다면, 지금이 시작의 순간입니다. 오늘, 여러분은 기준을 가진 사람이 되었습니다.

10년 후의 당신은 오늘의 선택에 감사할 것입니다.

왜냐하면 이제, 흔들리지 않는 기준이 있으니까요.

2025년 8월
여러분의 기준 설계자
이동주 Ph.D.

P.S. 이 책이 여러분의 나침반이 되길 바랍니다. 언젠가 여러분도 누군가에게 "기준을 가져보라"고 말할 수 있는 멘토가 되길 바랍니다. 그것이 DRIFT가 세상에 전하고 싶은 진짜 메시지입니다.

기준 하나면 모든 게 보인다.

출판일 | 2025. 8. 8.

글쓴이 | 이동주

편 집 | 이동주

디자인 | 최지혜

출판사 | 작가와

ISBN | 979-11-421-4857-6

판매가 | 15,000 원

*이 책의 판권은 저자와 출판사에 있습니다.

*이 책 내용의 전부 또는 일부를 재사용하려면 반드시 저작권자의 서면 동의를 받아야 합니다.